群居不倚

独立不惧

林景新

本书献给我的女儿林妤斐

当一个男人做了父亲，懦弱的心就有了勇气，愚钝的头脑就开始启智，迷茫的眼睛就瞬间清晰，前进的步伐就变得坚定——爱，让世界的一切变得美好。

有趣的心理问答　深刻的人生解惑

八万四千答

林景新　著

允许自己脆弱　允许万物穿过

暨南大学出版社
JINAN UNIVERSITY PRESS

中国·广州

图书在版编目（CIP）数据

八万四千答 / 林景新著. -- 广州 ： 暨南大学出版
社，2024. 11. -- ISBN 978-7-5668-3826-1

Ⅰ．C49

中国国家版本馆 CIP 数据核字第 2024CN6155 号

八万四千答

BA WAN SI QIAN DA

著　者：林景新

- -

出　版　人：阳　翼
统　　　筹：杜小陆
责任编辑：黄志波
责任校对：郑晓玲
责任印制：周一丹　郑玉婷
插画绘制：江奕菡
封面题签：廖　石

出版发行：暨南大学出版社（511434）
电　　话：总编室（8620）31105261
　　　　　营销部（8620）37331682　37331689
传　　真：（8620）31105289（办公室）37331684（营销部）
网　　址：http://www.jnupress.com
排　　版：广州市尚文数码科技有限公司
印　　刷：广州市金骏彩色印务有限公司
开　　本：787 mm × 1092 mm　1/16
印　　张：17.875
字　　数：300 千
版　　次：2024 年 11 月第 1 版
印　　次：2024 年 11 月第 1 次
定　　价：79.80 元

（暨大版图书如有印装质量问题，请与出版社总编室联系调换）

序

允许自己脆弱，允许万物穿过

在写作＃问答林景新＃的三年时间里，我接到了无数有关痛苦的问题咨询，那时我才意识到，阳光明媚的世界中，还有太多无法被阳光照亮的痛苦。痛苦是人生无可逃避之物，活着就是穷尽一切的智慧离苦得乐。只有提高智慧、稳定心智、澄明精神，才能走好漫长的一生。

心理学的调研数据表明，许多抑郁症患者都有一个共同的人格特质，那就是完美主义。他们不允许形象有瑕疵，不允许事业停滞，甚至不允许夫妻出现吵架，一切都要完整圆满，一切都要顺风顺水。这种完美主义就是一种病态的强迫症，犹如流逝中幻想停止、有限中期望永恒，只会让心理处于患得患失的过度紧张状态。

对大多数人来说，毕生的任务不是去改变世界，而是做一个内心充满热爱的普通人——热爱世界，热爱生活，踏踏实实地去做自己喜欢又有价值的事情，用一生的努力做好这件事，就能活出生机勃勃、活出兴趣盎然。

人的情绪就像弹簧，如果绷得太紧或者波动太大，就容易失控。我们可以有追求完美的精神，但也要有松弛的内心，允许自己脆弱，允许万物穿过。

在教授积极心理学时，我时常秉承的一个观点就是：一个人可以把时间浪费在自己喜欢的事情上，但不可以困在自己讨厌的生活方式里。如果压力太大，就一定要学会向前一步，离开、远行、暂停、休养……任何能够改变讨厌状态的方法，都要勇敢去实践。有时，只要向前一步，阳光就会照进心灵。

在茫茫宇宙中，每个人都是一束孤独的光，安住孤独也是一种生存状态。万物都在永不停止地行走，无论你孤独与否。

人生充满缺陷，要学会接纳自己的不完美，直面自己的孤独，只有接纳了，没那么焦虑了，才能慢慢地从孤独和抑郁的困境中走出来。看到真实，接受真实，活出真实，就是远离精神内耗、活出生机勃勃的关键。

远离抑郁的关键是保持内心的平静，承认人生是公平的，对万事万物保持应有的好奇心和兴趣，对这个世界有正确的认知。保持心理健康是一切防范的开始，面对挫折、指责、谩骂，要淡然处之，允许一切发生。

快乐不是人生追求的唯一目标，平静才是人生常有的境界。即使情绪低落到一定程度，也要保持生活日常的习惯，起床、吃饭、跑步、看电影，用若无其事回击一切的情绪低潮。

允许自己脆弱，允许万物穿过，就是一种精神的力量。

#问答林景新#中的一切问题都源于朋友们在微信上对我的真实提问，出于保护隐私的缘故，我对某些问题进行了一些描述上的处理。虽然本书定位为心理学读物，但我常常引入一些哲学观点进行阐述，希望多角度的人生剖析能给读者们带来更多的启迪。

照顾好自己的健康与情绪，你的人生就已经赢了一大半，其余的一切，上天自有安排。

林景新
甲辰年冬

目　录

导　读

我们可以养成许多新的爱好，
也可以遗忘许多旧的爱好，
但永远无法走出人生最深刻的情绪惯性。
爱是一个互相适应的过程，
彼此都需要接纳。
你需要放弃一些爱好，
向爱妥协。
你也需要坚持一些爱好，
向深刻的情绪惯性妥协，
否则爱情有一天会走向消失。

不要忧愁明天，
明天自有明天的烦恼。
一天的忧愁，
在一天里承受就够了。

2

人生经历的一切都有意义，
经历就是一种财富：
美好的经历，
可以增进你的信心；
痛苦的经历，
会增长你的智慧。

人生是一次漫长的告别，
人们总会再见，
要么在人间，
要么在夜空。

有人问哲学家尼采：

选择配偶的标准是什么？

尼采说：

接下来的四十年人生，

你想每天都跟这个人聊天吗？

人生有两件事最重要：

第一是树立一个值得追求的目标，

第二是穷尽所有相信与努力去实现它。

一个不与天下争的人，
内心只剩下宁静与自由。
仁者不忧不是仁者没有忧愁，
而是从容接受生命中出现的一切。

如果你爱一个人，

你会发现，

让你产生爱的并不是外在的那个人，

而是你在他身上赋予的爱的观念：

正直、真诚或者善良。

你更爱的是你的观念，

而不是外在的人。

如果你恨一个人，

让你恨的并不是那个人本身，

而是你在他身上赋予的恨的观点：

龌龊、虚假、两面。

第一章

问对问题，你就能找对答案

最好的答案就是问题本身

#问答林景新#

　　我在学校教授积极心理学，每天习惯性地将一些思考与人生观点发上朋友圈与公众号，十年如一日地坚持，后来陆续有朋友、学生、读者就他们的人生困惑向我提问，希望我进行解答。一开始，我努力翔实地进行回答。后来有一天，有人跟我说：林老师，其实在向您提问后，我自己就感觉已经解惑了。

　　问对问题，你就能找对答案。

　　当我们提问时，有时并不是一定需要一个明确的答案。提问是一种自我思考的引导，最好的答案或许就是问题本身。

01

问：老师，我心情不好，该怎么办？

答：不要因为一天心情不好就着急，心情不好的日子还长着呢。心情不好，不是最糟的，因为至少说明你的心还在……有些人，心都不在了。

再说，心情不好一点都不要紧。你看，"不"字说完，"好"不就接着来了嘛。只要情绪在流动，一切就不要紧，不好也会流向好……好也会循环为不好……只要流动，好不好都是短时体验，而不是永久定型。既然不是永久定型，又何须在乎不好？

02

问：我父亲去年8月因为饭后胃穿孔导致弥漫性腹腔感染严重送医院，转院两次，在ICU治疗了四个多月，最后还是在年前去世了。他在病发前两天来我家喝汤呕吐了，我没有及时带他去医院就诊，以致后面的治疗我们尽了最大的努力也挽回不了。

父亲去世后，我一直放不下，很痛苦，每天后悔、内疚、自责……觉得自己亏欠他太多了。近几年，因为女儿青春期出现了状况，我把大部分的精力都放在女儿身上，总想着今年女儿高考之后就多抽时间陪伴父亲，哪想到现在已经没有机会了。如今我每当想起父亲都心痛不已，觉得自己是一个罪人，不知道怎样才能平复自己的心情……

答：阅读完你的文字，我看到你的惭愧之心在跃动。

何为惭愧？觉得自己德行不够，故常怀惭念而生善。唯恐自己未能尽责，故常怀愧念而努力。面对父亲的离世，你感到自责、悔恨，这正是惭愧之心在发挥作用。我相信你的父亲是一个有慈悲心之人，所以你要理解，这是父亲给你最后的礼物——惭耻之服，无上庄严。

一个人常怀惭愧知改之心，将会由内而外散发无上庄严的气息，就如穿着全世界最名贵的衣服。

你要把父亲最后的礼物用好，用善念、尽责善待身边每个人，无论是亲人还是萍水相逢之人。

　　从此，你要比以前更怀善念、更行善行。有一天，走在街头，你或许会看到一个与你父亲面容相似的老人向你颔首微笑，笑容是那么似曾相识，不必诧异——生命如流，只是变幻，从未消失。

生命如流，只是变幻，从未消失

03

　　问：林老师您好，有个问题想咨询一下您：男女之间在年龄（男比女大16岁）、思想、智商、家庭背景、生活阅历、人际交往、社会地位、生活习惯等方面都相差极大，您说这样条件下的婚姻可以做到互补，会幸福吗？我的朋友找了一个比她大16岁的男朋友，现在热恋中丧失了理智，别人苦劝无果……

　　答：年龄这个东西，你想起就存在，你忘记就消失。年龄差大小，跟感情融洽与否没有任何关系。

马克思比燕妮小4岁，拿破仑比约瑟芬小6岁，他们一辈子都相处得挺好的。爱只跟尊重、关心与理解有关，跟其他无关。

04

问：林老师，我今年大一，我们班很多同学开始谈恋爱，大一就开始谈恋爱这种做法对吗？

答：同学，读书的时候最好不要谈恋爱，因为太早知道自己缺乏魅力，会让自己缺乏自信，从而影响考试。

05

问：林教授，人一旦对某事求而不得生了执念，可以破解吗？怎么破解啊？

答：你写这句话就是执念。有问题也不要问，因为每个人都有一堆问题……人与人最大的区别就是，有些人纠缠问题，有些人放空问题。事来念起，事去念空。念起，就看着它，毫无保留地接受其到来，然后看着其毫无障碍地离开。**快乐是因为你拥有，不快乐是因为你想拥有。**

06

问：老师，我觉得许多同学选修您的课不仅仅是因为您的才华和博学，而是因为喜欢您。

答：如果同学们是因为喜欢我而从此喜欢上学习，我希望有更多人能喜欢我。对我而言，这是一种功德。

07

问：老师，发朋友圈不就是为了展示吗？为何有些人的朋友圈却设置了三天可见？

答：欲拒还迎，欲说还休，才是展示的最高境界。

08

问：老师，是相爱的人见不了面难受，还是你爱的人在别人怀里更难受？

答：相爱的人见不了面，说明他不是你的。你爱的人在别人怀里，说明他也不是你的。如果他不是你的，他就跟你无关了。跟你无关的人，何必理他呢？

09

问：林教授，如果苦苦追寻一样东西却始终得不到，也自问不具备获得它的有利条件（无天分），是否应该选择放弃，换一片天空和一种活法？

答：愿上天给你勇气，改变可以改变的；愿上天给你平常心，接受无法改变的；愿上天给你智慧，分清这两者的区别。

10

问：我为什么总是为工作而焦虑恐惧呢？

答：你只是放大了自我的焦虑与恐惧。职场中的人，谁没有焦虑与恐惧？只是面对这些负面情绪，有些人选择用投入与调整去化解，而有些人只会用茫然继续在工作中煎熬。希望你是前者。

11

问：如果心情一落千丈，要怎么克服呢？

答：为什么要克服？当负面情绪来临时，静静看着它，直面它，迎接它，拥抱它，然后静静看着它离开。情绪如流，念念相续，波波相接，一切无碍。

12

问：林教授您好，我和爱人分手了，一直放不下，去哪儿都是回忆，心心念念都是她，想跟她说话，想得到她的关心和在意。怎样才能走出来？

答：如果你真的放不下，那就真诚地回去找她，用耐心、真爱去找她。带着真诚的心去寻找失去的爱情，过程比结果更重要。被你爱的人回头了，你的努力圆满了。被你爱的人不回头，你的努力无悔了。真诚想念一个人，比把她强留在身边更重要。

13

问：林老师，想跟您咨询一下，如何开导一个精神内耗严重和脾气不稳定的人？他只要遇到一点不顺心就很烦躁，同时会把冷淡和不友好释放给身边人，比如连续的阴雨天气，都会让他郁闷和烦躁。身边人想要劝说或安慰，却总是找不到好的方法，他总是拒人于千里之外，自己又没法消化。

答：精神内耗严重在精神分析学中称为抑郁型人格障碍（DepPD），在人群中的发病率大概为2%。这些人长期心情低落，无论境况如何都是快快不乐、消沉忧郁，他们自我批评的程度相当高，甚至到了自我憎恨的地步。他们对别人同样严苛，时常表现出敌意。这是一种人格障碍，而不是单纯缺乏修养。

情况严重者需要药物治疗，情况较轻者可以试试以下三种矫正方法：一是改变其对未来的负面预期，引导他们将习惯自责的归因方式转化为局部、外在的归因方式。二是矫正他们的价值衡量方式，鼓励他们以超越过去的自我为目标，而不是一生都在与别人比较。三是减少思维反刍与苦恼自责。精神内耗者最典型的做法就是活在过去的负面记忆中，要引导他们向前看，帮其建立生活信心，用积极的语言引导他们看到自己的优点。

如果DepPD患者是你的家人，你就用一生的温暖去包容他们吧……如果不是，我建议你放手。

14

问：林教授好，我有一个问题，让我困惑了将近10年。单位有两个人视我如情敌，在工作中不停踩着我，找理由赶我离开过两个部门。他们还制造对我不好的假言论，诋毁我。其实我是一个努力、上进、爱学习的人，但是工作这些年，我没有得到单位的认可，感觉自己很失败。我该如何做？

答：人生如赛车场，人就如一辆跑车，要获得成功，三个方面最重要：内驱力强（自我奋斗精神）是发动机，身体好（精力充沛）是燃料，心态健全（心眼好、有德行）必然飞得更高、跑得更远。比对这三点，你或许就能明白自己欠缺什么、忽视什么或者需要改进什么。

最后你要记住，组织中人与人之间的相处不是一场较量，而是一种和谐共生。忽略别人如何对你吧，重要的是你如何对待他们。

15

问：林教授您好，我有一个疑惑，希望您指点一下。我婚前喜欢外出旅游，喜欢约朋友交谈，有自己的兴趣爱好，生活相对比较丰富。婚后变成两个人的生活，对方比较宅，对于我需要有自己的爱好这件事情，对方会理解成我不够爱。我该考虑对方感受而放弃爱好，压抑自己吗？

答：毛姆的短篇小说《风筝》讲了个荒唐的故事。男主离婚了，因为拒绝支付前妻的赡养费而入狱，宁愿坐一辈子牢，也不愿给前妻一分钱。他对前妻恨之入骨，因为前妻砸坏了他的风筝。

为什么一只风筝如此重要？

男主从小就喜欢放风筝，对人生的一切美好记忆全部融合在风筝中。看着风筝飞上天，他体验到了一种力量——让四面八方的风臣服于意志，掌控着万物。他看到风筝，就看到快乐。离开风筝，一切就结束了。这就是一种爱好带来的深刻情绪惯性。

我们可以养成许多新的爱好，也可以遗忘许多旧的爱好，但永远无法走出人生最深刻的情绪惯性。

爱是一个互相适应的过程，彼此都需要接纳。你需要放弃一些爱好，向爱妥协。你也需要坚持一些爱好，向深刻的情绪惯性妥协，否则爱情有一天会走向消失。

16

问：林老师，可以请教您一个问题吗？我现在意外怀上三胎了，我很纠结到底要不要。大宝现在2岁多，小宝7个月。如果要吧，我觉得到时候三个宝宝都那么小，以后可能三个都照顾不周。加上我和先生都是普通的工薪阶层，以后养育成本也非常大。如果不要吧，又觉得很残忍，孩子既然选择了自己当母亲，就是一种缘分。此时的我真的很困惑，不知如何是好。

答：你一定要知道，一个孩子来到母胎之前，是排着队在天上挑选父母，最终在茫茫人海中看中了你，或许是你笑起来好看，或许是你心地善良，或许是你会忍辱负重……总之你是那么与众不同，所以孩子一眼看中你，降临人间，开启缘分。只要知晓了这一点，你就知道如何选择了。

17

问：林老师，您博学多才，想向您请教一个问题：我的小孩2021年高中毕业，报了我国排名第二的军校的计算机网络技术相关专业，最后有幸被军校录取了，但专业被调剂。开学后至今，他不喜欢部队环境，也不喜欢他的专业，一直想退学。请林老师帮帮我，我该怎么办？

答：评估一件事是否值得去做，一般看三样东西：动机、目标和实现目标的手段。

孩子有想法，要退学去做自己想做的，你可以让他按以上的逻辑用书面文字写出他的想法然后交给你，越详细越好。写的过程可以引发他对自己所追求东西的思考，有些不切实际的念头或许在这个过程中会被自我过滤或者纠正。孩子写出来了，你再去评估。如果很不合逻辑，你就纠正他。如果能看出清晰的想法，我建议支持他。

人生有两件事最重要：第一是树立一个值得追求的目标，第二是穷尽所有相信与努力去实现它。把这句话转告你的孩子，愿他能理智思考，明智选择。

18

问：在我小的时候，我爸妈就经常当着我的面吵架、打架，我妈妈也长期和爷爷奶奶关系紧张，在这种长期的紧张对抗中，我妈妈产生了强烈的自卑心和仇恨心。有次放假家里包了饺子，我准备去送一碗给奶奶，妈妈却直接把饺子扔进了垃圾桶……虽然现在爷爷奶奶已经过世，但这个画面一直在我脑海里。现在我三十几岁，已经成家立业有孩子了，我爸妈依然是那样的关系，依然是相看两生厌。多年来，饺子被扔进垃圾桶里的画面总是在我脑海中浮现。请问林老师，我该如何救赎我的内心？

答：人有天生的自卑，如果这份自卑没有找到满意的补偿，就会导致行为偏激。

你母亲有受害者情结的自卑心，于是用辱骂、破坏、对抗来作为自我救赎的方式。这种行为又诱导你父亲作出恶性循环的还击。在自卑中沉沦，这就是婚姻悲剧的渊薮。

超越自卑，是健全心态的关键。一个人能发挥优势与美德，是获得健全心态的有效方式。如果母亲善于烹饪，就给她创造展示才干的机会（如抖音直播）。如果父亲为人朴实，就给他报名去服务他人。社会连接可以让人获得信心与温暖。心智稳定，行为稳定，幸福感就会稳定。

第二章

在自己的节奏里过完一生

人生漫长，不慌不忙

#问答林景新#

有一个学生苦读到博士，后来应聘进入一所普通高校做教师，人人为他高兴，家境贫寒的他终于端上"铁饭碗"。

工作几年，他打电话跟我诉说，工作很苦闷，这根本不是他想要的生活，自己已出现抑郁的症状，说着就哽咽了……我想宽慰精神萎靡的他，但语言是那么苍白无力。

后来他从学校辞职了，收起博士学位证，拿出本科毕业证，到一家外企应聘做秘书，工作压力大多了，工资也不见增加，可他竟然很开心，每天容光焕发……后来我在路上碰见他，远远就可以看到他快乐的笑容。

懂得自救，才是读书的意义。知识价值就是教我们懂得匹配，不是学历匹配工作，而是个性匹配人生。

"匹配"这个词，包含了多少人生智慧。

我在街边小店订了一套百叶窗，老板自己来安装，这个看起来像知识分子的男人，讲话慢条斯理。其间，不断有客人打来电话，他都是一句话："本周生意满了，下周吧。"

我问他："生意这么好？"

他说："不是生意好，而是赚钱差不多就好了，还得留出精力去生活。我要去爬山、骑车、游泳、找朋友聚会……"

遍地都是六便士，有人抬头看见了月亮。

这个时代很焦灼，但有人选择了气定神闲。

人生漫长，不慌不忙。在自己的节奏里过完一生，就是最好的人生。

01

问： 我女儿今年读初二，目前对老师跟家长的沟通大部分是撒谎或者不出声；特别渴望拥有手机，会自己偷偷在外面买二手的手机来用；在学校上课时经常趴在桌子上，基本不听课；跟一些社会人交往；还会偷家里的现金，老师跟家长多次沟通开导都无效，家长也束手无策。请问有什么方法可以改善或处理这种情况？

答： 孩子撒谎，消极的父母看到的是不诚实，积极的父母则是看到孩子缺乏安全感。孩子沉溺于玩手机，消极的父母看到的是不学无术，积极的父母则是看到孩子内心无法排解的孤独。孩子的教育要想取得相对圆满的结果，应有如处理婚姻矛盾一样的态度：家长态度消极，会带来更消极的结果；家长态度积极，则可能导向积极的结果。

我建议你用积极的态度看待孩子消极的行为，努力深入了解孩子的内心，温和而坚定地给孩子画出行为的原则底线，用奖惩结合的方式慢慢引导。一个孩子用多长时间养成坏习惯，家长就必须用多大的耐心等待其改正行为，欲速则不达。

从教育心理学的角度来看，初二的孩子行为如此桀骜不驯，很大可能是其内心渴望获得外界特别是父母的认可。以后在教育上，多肯定，少否定；多褒扬，少挖苦。

02

问： 林老师，小儿今年本科毕业，专业是视觉传达设计。鉴于今年的就业环境，以及今年有1 100多万应届毕业大学生，现在媒体传达的多是严重的焦虑情绪，作为2023年应届毕业生家长，该如何引导孩子积极应对？

答： 每代人的价值观不同，对焦虑的理解自然不同。作为父辈，不必用你的焦虑去揣测孩子的焦虑，而是要融入他的生活，理解他的价值观，引导他关注自己的内心，不被外部的焦虑所席卷。

你是否看到，一个新的时代正在来临：许多人从努力地赚钱、超越他人，变成不那么努力地赚钱，也不那么努力地花钱。他们不追求有钱、不追求奢侈的生活，把断舍离和简朴处世视为新的生活美学。

这种新的处世之道可以理解为对过度焦虑的反击。在物质泛滥的时代，普通人在追求快的捷径，高手却在磨炼慢的心性。

帮助孩子，让孩子在焦虑的时代更淡定，这是父母的责任。从自己做起，去断舍离，去反物化，去做一切能让心性慢下来的事情。

对于已拥有的一切，保持一种敬畏；对于梦寐以求却还没有获得的一切，保持一种淡定。这就是反焦虑化的正确价值观。

03

问：老师，有一个男孩子说喜欢我，经常给我小惊喜，我生病了还给我煮红糖姜茶，什么事都会顺着我，他问我是否愿意和他结婚。我今年28岁了，却真的不知道和一个人结婚最重要的是考虑什么。他现在对我很好，我可以把这当成最好的结婚条件吗？

答：谈恋爱只是一种感情交换，你好我好，就可以了。结婚则是价值交换，不只是喜欢就可以长久，品行、家庭、三观、经济能力以及为人处事和交际能力最好匹配，因为这些都会左右彼此的长久相处。

在成年人的世界里，合适比喜欢更重要。

04

问：林老师您好！经常在朋友圈看您帮别人解惑，我作为旁观者，也常有茅塞顿开之感。现在我也遇到令我困惑的事情，想请您指点。我办公室某位同事（家世显赫）不欢迎我的到来，时常给我小鞋穿，甚至在背后诋毁我。而我们分管领导对他言听计从，乐于做他的工具人，吃力不讨好、哑巴吃黄连这样的事情我巳经遭受了很多。目前我没有能力获得更好的职位，也需要这份工作养家糊口。请教您，在未来的工作中我该如何自处？谢谢您！

答：工作顺利时，你从不会扯着自己的头发抱怨，为何我的运气这么好。而当工作不顺利时，你就会感叹，命运为何爱捉弄人。

以上这段话反映了一种错误的职场心态：把顺缘当成常态，把逆缘当成非常态。想要在职场中顺利成长，就必须有正确的心态，顺与逆都是常态，苦乐参半才是真实的人生。顺缘时，你就努力进取；逆缘时，你就修心养性。

再说，一个家世显赫的人对你百般刁难，说明你有让他妒忌的优势，你应该感到高兴才对。别委屈，别自怜，人生的成长不是靠谁的恩赐，更不会被谁的评价局限，只要发挥你的优势，在工作中灌注热爱与专长，诚恳对待每个人，幸运的橄榄枝就会抛向你。

05

问：我在4月中旬的时候患上突发性耳聋，治疗到现在，虽然听力有改善，但是耳鸣、耳朵堵塞感、焦虑、失眠等不适的症状一直存在。从发病到现在，每天我都必须依靠安眠药才能入睡，所以整个人的状态比较差，也无法排解心里那种焦虑的感觉。请问您有什么建议吗？打扰了。

答：进化心理学有一个重要的理论，就是每个人都有自我疗愈的天然基因。当一个人遇到重大打击事件如入狱、重疾甚至是突然残疾时，情绪会一下子落到谷底，但隐藏在我们基因中的进化因子会发挥作用，自动调适身体与情绪，一般三个月后个体就能自如适应新的境况。

以上这段话是告诉你，放平心态，慢慢适应不适，进化的天然基因定会把你带离困境。

给你三点排解焦虑的建议：

第一，定期运动。运动能带来积极的情绪。

第二，坚持冥想。冥想能减少精神的熵，让注意力不会狂乱。焦虑感来自杂念丛生，情绪失衡，小事就会被加工成焦虑的大事。冥想能让身心合一，收缩狂瀑般的念头。

第三，行为随心。一个人失眠的原因往往是太在乎睡眠。试试停止用药一段时间，该吃吃该喝喝，想聚会撸串就去，不要把自己当成患者，让思想忘记病灶，让身体重构健康。在心里，你要不断重复一句话：滚开吧，焦虑。

06

问：林老师您好！上周六您在课上说"一切的邂逅都是蓄谋已久"。我的理解是，这辈子遇到谁，不遇到谁，都是注定的。我在2019年处了一个对象，那时我正好30岁，她比我长6岁。2021年4月，她回了老家。后来经过一些争吵，我对那段感情失去了信心，同时遇到了一个交流得还不错的女子。2021年8月我提出了分手，10月她来到我这儿，我们还是因为一些琐事争吵，这样就算是彻底分开了。

直到现在一年半过去了，我依然没能忘记她，我该回去找她吗？

答：最好不要追求过于与众不同的爱情，比如双方差距太大，比如为爱而与家庭决裂。

要永远相信爱情，但不要相信爱情会永远。如若流年有爱，就心随花开；如若人走情凉，就守心自暖。不要抱怨，更不要懊悔，人生的选择没有绝对的正确，只求无愧于心。爱情进入互相消耗阶段，那就是劫数，再不放手就成劫难了。

对于爱情，或许最好的姿态就是：来者要惜，失者要放。不要害怕失去，你所失去的本来就不属于你。

放手吧。

07

问：林老师您好，很喜欢您，特别喜欢看您为大家解惑，自己也会有所收获。最近自己好像陷入一种绝境，有一种执念。我结婚9年，有一个可爱的孩子，老公很爱我，可我可能从来没爱过他，因为他对我好，所以在一起了。他的妈妈也总是让我窒息，我突然就想逃离现在的生活。可能是因为我不安分的心，也可能是因为过于平静的生活，我爱上了另一个人。他有很多问题，但我心中突然燃起一种执念，就是要和他在一起。我向老公提了离婚，老公极力挽留，尽管他知道我背叛了他。我不知道自己将来会不会后悔，但是现在每一天都在精神内耗，不知所措，烦请您指引方向。

答：民政部网站数据显示，2022年中国的离婚率为2‰，如此高的离婚率有各种原因，其中一个重要原因就是许多人把爱理解为婚姻的唯一支撑。

心理学告诉我们，人并不是长情的动物，爱是瞬间的感觉，情却可以延绵一辈子。如果仅仅用爱的感觉来衡量是否结婚或者离婚，你大概率会后悔。

让两个人长久不离不弃的，不是爱本身，而是情的足迹。贫贱时互相依靠，前行时互相鼓励，这些相濡以沫的时刻在我们内心的投射会感动自我，让庸俗的我们感觉自己是一个有信仰、有信念的人，这就是爱比金坚的心理学基础。

所以，不要为爱而冲动，而要为情而投入。做任何决定，一定要无悔于人、无愧于心。

08

问：林老师好！我从医生那里得知我的另一半的生命还有3年，此时我应做些什么？您有什么建议？另一半为药剂师。我们有两个小孩（一个8岁，一个6岁）。本人工作很忙（办公室工作，什么杂活都要跟进）。

答：在父亲节看到你的信息，非常难过。

人生的痛苦无穷无尽，但请你记住：生活唯一的意义就是当下。疾病的积极意义就是提醒混沌的我们，人生并无来日方长，要把涣散的注意力聚拢，让迷糊的心觉醒，关怀亲人与朋友，关注晚霞与孤鹜，关心当下与刹那，让原本千篇一律的每天从此变得意义勃发。

我建议你去买两本笔记本，学习美国哲学家威尔伯将记录患癌妻子的笔记汇集成《恩宠与勇气》一书的做法，从此你与丈夫每日记录彼此的生活与感受，记录对他人的关怀，记录对日子的关注，记录对刹那的关心，把寻常的点滴日子凝固成日后绚烂的回忆，文字的记录会让你的心细细体察每刻，这就是写作的意义。

人与人的区别并不在于他在人间留存了3年还是30年，而在于是否真正欢喜地度过每一天，无愧于人，无憾此生。

每个人都带着一定的伤痛活在世上，觉醒的人会更努力地活在当下，活好每一天。

人生总会面临告别，但只要思念在，就无惧别离。

09

问： 我爸的执念很重，他快70岁了，还天天想着赚钱，想翻身，但小钱又看不上；他身体不好，没钱还要做生意，总是找各种人借钱；劝他回家休养不听，劝他不要乱买药吃不听，每次只有要钱才会找我，每次只有住院了才觉得命重要，但好了又想去开店赚大钱。以前我还比较耐心地和他沟通，但长久下来耐心也被磨没了，真的很痛苦。请教老师，我该如何跟这种极度固执的长辈沟通呢？

答： 世上的痛苦，除了身体的痛苦，其他都是价值观的痛苦，并不真实存在，只要意念改变就可以消除。

巴尔扎克的作品《欧也妮·葛朗台》讲述了一个极度贪恋金钱的父亲，虽然他的行为让人反感，但其生命力之顽强让人惊叹。这说明，只要在父亲借钱和创业上给他制定约束条件，让他不对家庭产生负累，其他不必劝说，更不必担心他的身体健康。反之，你可以多帮他嫁接资源、出谋划策，这样既能改善亲子关系，又能引导他走上正轨。

从心理学角度来说，自卑感越强的人越想证明自己，或许创业能让屡屡受挫的父亲获得一生中最后的尊严。理解了这一点，你就能理解他的倔强与顽固。言语无法说服一个人放弃自己获得尊严的方式，除非能提供替代方式。

10

问： 林老师好！之前上过您的危机管理课，很喜欢看您朋友圈的答疑解惑。我儿子今年15岁，上初三，前段时间在看他手机的时候，发现他跟同校一个上初二的姑娘谈恋爱了。我很婉转地问他,他说自己没谈。我也知道这是青春期孩子对对方的一种好感。我偶尔会偷看他手机里的聊天内容,了解他们在聊些什么,然后发现他跟小姑娘说,等她过生日的时候,要抱她吻她。这个时候我就有些担心了,可我是偷偷看他手机,不敢公开跟他讲,因此想请教一下林老师,我要怎么跟孩子沟通,才能制止他的这个行为?孩子马上要上高中了,我不希望这些事情影响他的学习。

答: 没有一种教育能够像情感教育一样让孩子快速成长。不必阻止孩子喜欢一个人,荷尔蒙的分泌是思想觉醒的开始。要肯定他的念头,喜欢他的喜欢,鼓励他的追求,但要转化他的行为,引导他用自律来获取尊重,用成绩来表现自我,用运动来提升魅力,用真诚沟通来获得父母的支持。最好让你的丈夫与孩子沟通,因为男人容易设身处地地理解男人,也最容易说服另一个男人。

最后记得,以后不要偷看孩子手机,否则你们不是真诚的父母,也教导不出真诚的孩子。

11

问: 林老师,您是一个睿智的人,有一事请教您。我和爱人快35岁了,都在某省会城市里的国企工作,工作稳定,但爱人单位因为改革,待遇明显下降,且公司发展和个人职业发展预期不太好(升职较难)。他现在有去长沙工作的机会,也是国企,待遇差不多,公司发展预期更好,个人职业发展预期也不错,且在当地有些同学资源,但我过去比较难找到合适的工作。我综合考虑长沙的教育、房价均较为友好,主要就是个人工作问题,担心两人差距越来越大。请林老师指教。

答: 把工作理解为便携式技能,而不是某种特定制度的产物,你就能明白选择的方向。凡是能够提高技能、提供才能展示平台的机会,都是在强化便携式技能,即提高了职场竞争力,无论前面的困难有多大,都应该去争取。

当命运伸出橄榄枝时,一定要奋力接住。

缺乏勇气的人，注定过不好这一生。你不会为倾尽全力的奋斗而后悔，只会为不曾努力的放弃而抱憾终生。对待生命，不妨大胆一点，因为我们终将失去它。

当命运伸出橄榄枝时，一定要奋力接住

12

问：我的儿子刚高考结束，成绩一般，比平时低了几十分，一本上不了，二本不想上，他满脑子都是复读。看到他那不甘心和不怕苦的决心，我只能尊重和支持，但同时我也明白高考有时候运气和实力一样重要。特请您指点迷津。

答：这世上，每个人都有自己的成长时区。有些人高考一帆风顺，毕业后却一无是处，甚至自暴自弃；有些人高考一败再败，却最终扬帆远航。人生漫长，复读还是勉强升学的选择，从来都不是成败的关键，关键是必须有坚持到底的毅力和追求理想不屈不挠的勇气。

只要孩子的目标是明确的、决定是慎重的、计划是清晰的，父母就要毫无保留地支持他。怀揣理想，努力复读一年，远好过在不喜欢的学校里混沌一年，最后志气消磨殆尽。不放弃地努力，就是一个人最好的运气。

13

问：林老师，我和儿子正处于冷战期，儿子今年14岁，叛逆得很厉害，我因为工作原因，陪伴他比较少，在仅有的陪伴时间里，我尽力去做一个合格的妈妈，嘘寒问暖，关怀备至，但是换来的是儿子的冷言冷语和对我的厌烦，他甚至说他恨我。儿子现在已经不再回家，长期住在爷爷奶奶家里。我特别痛苦，想接近他，又怕他烦；不接近他，又怕彻底失去他。请问我该怎么办？

答：你应该庆幸，儿子愿意当面说出他的感受，即使是说恨你。父母最要担心的是，孩子将内心隐忍的愤懑转向自残或者暴戾。

任何人在激愤之下都会说出决绝的话，但并不当真。你要忽略孩子说出的充满恨意的话，真诚地与他对话，引导他讲出对你的不满，然后诚恳地改正。

对孩子而言，没有比自由感、安全感与幸福感这三者更重要的了。过分严苛会让他失去自由感，经常在家中争吵会让他失去安全感，不在乎他的感受加上前两者的缺失，则会让他彻底失去幸福感。从这三者入手，你必可解决现在与儿子的矛盾。

14

问：我是一名45岁的企业高管，工作多年，却因公司架构调整而被降级。我应选择离开还是委曲求全继续工作？

答：如果你服务的这家公司够好，作为高管工作到45岁，你已经为公司创造了足够的价值，也积累了足够的人脉、技能、视野与钱财，有足够的资本随时离开，并可以在更广阔的天地施展才华。如果感到不公，我建议你离开。

如果你在一家公司工作到45岁，作为高管却没有积累到足够的人脉、技能、视野与钱财，要么就是这家公司的平台不太行，要么就是你的工作能力不太行。工作的选择如婚嫁，是一系列条件与资源的复杂匹配，择前要谨慎，择后要平和。自己选的路，要笑着走完。

15

问：我与丈夫是从校服走到婚纱，今年刚好10年，夫妻双方都没有出轨。婚前我们相处是完全没有问题的，婚后因为生活上的各种事情而闹矛盾、冷战，也会因金钱问题吵架。他喜欢收藏高达，需要花很多钱，我都是无条件支持。但是我每月花多少钱，每年要积蓄多少钱，他都要跟我计较。平日我们各自下班回家后常在玩手机，交流不多。他经常因为心情不好或小事而谩骂我，而且谩骂的话语既难听又伤人。我想怼回去，但是难听的话语我说不出口，只能自己内心消化，悄悄流眼泪。这种婚姻生活让我感到快要窒息，完全不是我想要的婚姻，请问这种婚姻是否该继续？

答：生活中没有人会忽然不喜欢你，只是你忽然知道而已。人与人感情的割裂都是由来已久。

当矛盾出现时，你要看清的不仅是当下的他是什么样的，更要回想很久之前真实的他是什么样的。

如果以前的他就是这样，你就反思是什么让自己这般糊涂，如何中止糊涂；如果他以前不是这样，你就反思是什么把这个男人逼成这样，如何调整相处方式。

反思会带来冷静，冷静会带来智慧，智慧会带来清醒。人生宁可要清醒的痛苦，也不要麻木的无知。

16

问：林教授，某段时间我觉得人生没有什么意思，做什么都提不起劲，该怎么办呢？

答：最好不要在夜深人静时去思考人生的意义，劳累了一天，身体能量很低，这时思考人为何活着，通常得出的答案就是人没必要活着。万念俱灰的想法也常在我的脑海中涌现，但我并不在乎，而是时刻告诉自己，不要被念头控制，而要让习惯驱动自我：该起床时起床，该吃饭时吃饭，该工作时工作，该运动时运动。心情好坏，管他呢。人生有何意义，管他呢。

人生最重要的不是天天有乐观的情绪，而是形成雷打不动的积极的习惯。心情有好坏，念头有起落，但最终是习惯驱动人生。养成积极的习惯，就有积极的人生，人生就有积极的意义。

17

问：林老师，您好。我儿子年底硕士研究生毕业，他本科读的是波士顿大学传媒学院的新闻记者专业，硕士研究生读的是纽约大学财经新闻专业，之前在《纽约邮报》实习，现在美国CNBC实习，在这两家新闻机构已经发表几十篇署名的财经新闻报道。他在硕士研究生阶段还学了MBA，课程有金融、会计、市场、计算机等。现在新闻专业在国内不好找工作，您见多识广，我想问问您，他回国后可以从事什么行业，有没有发展的空间？

答：比起专业，更重要的是学历；比起学历，更重要的是履历。如果一个学生既有一技之长，也有研究生学历，还有丰富的实践经历，那么找工作就如一句谚语所说："对于一只八百磅重的大猩猩来说，它想睡哪儿就睡哪儿。"

新闻专业培养的是新闻素养，而非单纯的新闻写作技能，前者是一种对时代变化的敏感度，后者只是一种写作能力。能够发挥好前者的人，可以在政界、商界、新闻界等任何一个行业大显身手。

父母不必太关心孩子所读专业是否热门，而要关心孩子在读书的过程中是否投入、专注、热爱并且学有所长。热不热门是相对的，热不热爱是绝对的。每个人都会从自我热爱中获得前进的勇气与创造力，最终绘出锦绣人生。

18

问：林老师，您好！我是一名小学老师。现在的"双减"形势对教师提出了更高的要求，同时衍生的职责越来越重，我上班时总觉得身心疲惫。您的见解总是那么独到，希望您能说说在这样的背景下教师应该怎样调适自己的心态。

答：不必放大在某一阶段或者某一事件上所受压力或者负面遭遇，这是人生活得坦然自在的必需。心理学告诉我们，压力不一定来自经历，很大一部分是来自情绪的自我放大。生活从来都不容易，这并非针对教师或者其他任何群体，但心态平稳且懂得见招拆招的人能惬意自如。教授积极心理学这些年，我悟到最有实践意义的一种活法就是：**某一刻，如果你觉得生活很难过，就别老想着太远的将来，只要鼓励自己过好今天就好。**

世间有太多的猝不及防，有些人与事不配占据你的情绪。人生就是一场体验，唯一重要的就是活在当下。

照顾好你的情绪与身体，人生就赢了一大半，其余的一切上天自会安排。

万物都在治愈你，只是你不肯放过自己。

第三章

人生不需要绝对的正确

快乐比正确更重要

#问答林景新#

10年前，有个读者加了我微信，她说喜欢我写的文字，所以每天都把我朋友圈写的文字拷贝保存下来，时时发在她的朋友圈里。

10年来，我写了数百万文字，但写过的许多文字已经湮灭于记忆中。现在我常常去看这个读者的朋友圈，找回自己。

他者，就是自己。每个人的成长都需要镜像。借助他者的镜像，我们才能照出自身。

#问答林景新#既是我与朋友们的思想互动，每一次提问也是一个思想震荡的镜像，能让我们在思考人生真理的同时瞥见人生的不足。

向我提出的问题五花八门，但我并不知道所有的答案。只是在探索人生大命题的终极答案上，我从不怯场。越宏大的命题，越容易回答。

人生的命题比相对论更复杂。人生不需要绝对的正确，但需要绝对的快乐。

祝你快乐。

01

问：教授，打扰您了。我想问，为何一年前对我无微不至呵护的男人，现在却对我漠不关心？世上不存在真正的暖男吗？

答：每个男人都是暖男，看他暖谁而已。

02

问：老师，之前被我怼过的同事现在晋升了，我该如何解决这个危机？

答：发信息给他："××，恭喜你升职，你是一个很有才华的人。当时怼你，是因为我嫉妒你。现在我依然嫉妒你，但我要恭贺你，因为你实在有才华。"

"马屁"拍到这个份上，叫他无法发作。

03

问：教授，在34岁的时候跳出体制，会有什么后果等着我？

答：35岁很快就会等你……

04

问：林老师早上好。怎样才能在演讲台上不紧张？

答：必须接受紧张。但是告诉自己，即使紧张也不影响发挥。

05

问：林，是不是年纪越大越难爱？

答：不是年纪越大越难爱，而是年纪越大越知道哪些不是爱。

06

问：老师，我是西藏的公务员，老家是成都的，因为距离原因，我想辞职回家，但又碍于现有工作稳定和现在的经济形势不敢辞职，您能给我一点建议吗？

答：人生不过一碗饭，去留不过一念间。不必总追问自己应该去还是留，你唯一要追问的是什么事情能够让自己活得生机勃勃，然后全力去做那件事情，你最终就会为自己的选择而无悔。

世上许多人只是活着，只有很少人活得生机勃勃。人生正确选择的标准就是让自己活得更加生机勃勃。

向前行，不犹豫；向后望，不后悔。

07

问：林老师在生活中会有困惑的时候吗？假如有，您又是怎样去面对与选择的呢？如能自己走出人生困惑，是否就意味着人生的修行开始了？

答：困惑无法避免，只要你的思维在流动。但困惑并不一定有答案，也并不一定需要答案。就如宇宙源自时空归零的混沌一片，当你追寻人生的终极意义时，有可能最终的答案就是混沌。

当我困惑不解时，我更多的是静静等待，等待困惑自我消解，或者等待时间把我带离。没有什么悲伤抵挡得住时间，正如没有美好抵挡得住遗忘。

08

问：老师，有媒体说电子游戏会毁掉下一代，您怎么看？

答：30年前，人们忧愁电视节目会毁掉下一代。

20年前，人们忧愁互联网会毁掉下一代。

现在，人们忧愁电子游戏会毁掉下一代。

事实证明，没有任何力量会毁掉下一代，除了上一代。

09

问：公司有一个快退休的基层员工总跟我作对。老师，我要以牙还牙，还是忍让？

答：危机冲突处理有一个理论叫"幸福让"。当对抗尖锐时，幸福感强烈的人必须为他人优先让步。这无关道德，只关乎机会成本（指为了得到某种东西而要放弃的另一些东西的最大价值）。斗争中，对于无产阶级来说，失去的只是锁链；对于有产阶级来说，失去的可能是整个世界。

10

问：老师，我对孔子所说的"仁者不忧"这句话一直不太理解。有人可以做到没有忧愁吗？

答：仁，就是克己复礼。仁者必严于律己，宽以待人。所以，仁者不会强求改变别人，只会改变自己：内心有敬，外在有让。

一个不与天下争的人，内心只剩下宁静与自由。仁者不忧不是仁者没有忧愁，而是从容接受生命中出现的一切。

接纳一切，宽容一切，这就是仁者，这就是为何不忧。

一个不与天下争之人，内心只剩下宁静与自由

11

问：我的孩子今年高考失败，我认为他应该去选择一所差一点的学校继续读，他却坚持去跟朋友搞音乐创作，不想读书了。我该如何做？

答：如果孩子高考失利，他告诉你想去做歌手、创业或独自远行，你应该尊重他。只要他自己真的有规划、想法和一定的准备，并不是一时头脑发热。

人生漫长，一次考试的失败对一生的影响其实微乎其微，但父母的尊重能给孩子带来自信。自信的人生总会粲然绽放。在爱的排序中，尊重比给予更让人动容。

12

问：有一天，忽然发现某个熟悉的人是坏人，我们应该对此持什么态度？

答：如果有人跟我说某人是坏人，我会对这种定性不置可否。我见过放荡的人深情款款的一面，见过彬彬有礼的人恶狠狠的时刻。

13

问：老师，我看了您关于人生理想的主题对话，很有感触。我有个问题：做老师是您的理想吗？

答：在对话中，对方问我："林，做老师是你的理想吗？"我说："不！追求自在的生活才是。只是做了老师后发现，这太适合我了。"

人生的痛苦就是想拥有什么，你就缺什么；人生的智慧就是你是什么，你就做好什么。

在追求理想的长路上，我们要永远相信，当下所拥有的都是世上最美好的东西。

14

问：老师，我看您的朋友圈已经有10年了，每天都被您生动又深刻的文字打动，更被您坚持写作的精神所鼓舞。我也想写作，您可以给我一个坚持写作最坚实的理由吗？

答：每到深夜，我就开始用文字来描述人与生活。跟许多人一样，白天我们常常会失望，有时身边最亲密的人反而最令人失望。父严母慈、兄和妹亲、夫妻相敬、朋友如宾，在想象中，这就是美好关系的一切，但现实常常相反。

可是当我用文字描述一切时，生活变得无比阳光、人性变得如此美好。在笔下，这些现实中并不完美的人开始变得完美。有时翻翻朋友圈，看看这些活在我身边的"完美"的亲人与朋友，我的心里有无限的满足感。

在微信朋友圈中，我写过我的父母、朋友、同学、学生、陌生人，在某一层面上，他们都是光芒绽放的。美国作家雷蒙德·卡佛说："你不是你笔下的人物，但你笔下的人物是你。"别人以为我是在描述他人，其实我是在描述自己：那些有着完美人格的笔下人物，都是我对自我的期望。

写作不仅是描述，还是一种修行。我不是对文字津津乐道，而是对生活的期望锲而不舍。

15

问：林老师好，每次看您的朋友圈，总会被您的智慧点醒。中午我和一位大姐聊天，她点出了我的高姿态（总认为自己是对的），说到只有敬畏生命，才能做到真正的谦卑。当下除了难过和羞愧，我突然发现，我对"敬畏生命"的感觉是空的……很想请教您，敬畏生命是什么？您可否给我一些探索的方向。

答：137～138亿年前，在一场神秘的大爆炸后，宇宙诞生了。大爆炸产生的漂浮物，凝结成了各式各样的星球。46亿年前，我们的地球就这样诞生了。地球上的一切生命都来自太空星辰，我们的身体都是星尘，我们的灵魂都是星光。

每一个生命，无论是帝王将相、贩夫走卒，还是飞禽走兽、花草树木，即使是再卑微的生命，其精气神都有浩瀚太空的烙印。月朗星稀的夜晚，你抬头仰望天空，那里万物归一、万籁俱寂，那是我们共同的来处，那是我们永恒的家。那一瞬间，敬畏就会从你的内心升起。

你不需要从理论上理解什么叫"敬畏生命"，只需要多抬头望望无垠的星空就可以了。

16

问：林老师，最近有个问题特别困扰我，您博学多识，能帮我分析分析吗？我女儿非常优秀，出来工作后，为了热爱的专业，她拿到了国外几所名牌大学的录取通知书准备去深造，需要好几年时间。我支持她出国读书，但希望她回国发展和定居，因为我单身，希望以后能和女儿在同个城市生活，可以互相照顾。可是她的专业目前在国外发展更成熟、更有市场，国内则未起步。另外，她男朋友也喜欢在国外工作。可以预见学成后留在国外发展和生活对她而言才是最好的选择，这跟我的理想生活愿景有差距……想请教您，究竟是培养一个优秀的孩子幸福，还是拥有一个平凡普通的孩子更幸福呢？

答：我读大二那年，母亲忽然对我说："儿子，我要移民去加拿大。"当年，我不理解母亲的决定，不理解为何母子情缘没有远渡重洋那么重要。她去了北美，我依然留在内地和香港工作，二十多年来，母子每年一见。

4年前，母亲在加拿大退休了。退休那天，我陪母亲去温哥华的教堂参加活动，在路上她对我说："儿子，你要理解我当年的决定。把你养大，是我对你的责任；选择自己想走的路，是我对自己的责任。"

那时我明白了：父母子女情缘，不仅意味着对彼此有互相照顾的责任，还意味着有互相尊重选择的责任。如果你与女儿互相有爱与尊重，情缘就不会随着生活的改变而改变。如果她的选择是认真的，就尊重她。尊重就是爱，爱会创造更多的爱。

17

问： 老师，我最近在看荣格的书，他说，生命是两个巨大的谜团之间的一束光，而这两个谜团是一体的。想向您请教一下，应该怎样理解这句话呢？

答： 大仲马在《基督山伯爵》一书中写道："世界上既无所谓快乐也无所谓痛苦……只有体验过不幸的人才能体会到最大的快乐。我们必须体验过死的痛苦，才能体会到生的快乐。**人类的一切智慧就包含在'等待'与'希望'中。**"

动物生理学告诉我们，等待与希望是人类独有的心理机制，这注定动物只能活在现实世界，而人除了活在现实世界外，还可以活在想象的世界中。想象的世界是未知的，像一个巨大的谜团，既有最大的惊喜，也有最大的失望。

我不知荣格是否读过大仲马的《基督山伯爵》，但他们对生命的描述惊人地一致。生命的光穿过等待与希望的谜团，时而给我们惊喜，时而给我们失望，时而让我们快乐，时而让我们痛苦……活到一定年纪你才发现，原来惊喜会造就失望，痛苦会创造快乐，因为它们本来就是硬币的两面，你中有我，密不可分。

18

问： 林教授您好，我和先生度过了将近10年的婚姻生活，从无到有一步步走到小有成就，两人却从原来的无话不谈变成了无话可谈。我爱上了另一个人，出于道德观念，始终没有踏出线。为了孩子，我还是希望能够跟先生好好过下去，先生也希望我们可以回到最初相爱的样子。然而物是人非，哪能做到水过无痕？人终其一生，应该为自己，还是应该为孩子？

答： 当我们对一个人说"我爱你"时，其实潜意识是在问："他也这样爱我吗？"如果他不如你想象的那样爱你，你就会马上收回你的爱。

人生的一切，除了责任就是交易。人终其一生，都在一场场交易中不断权衡选择：自私的人，时时交易为自己；无私的人，时时权衡为他人。

埃及人认为，一个人只要能明确回答以下两个问题，日后灵魂就可以升上天堂。

问题1："这辈子我快乐过吗？"

问题2："这辈子我让别人快乐过吗？"

10年来，丈夫、孩子让你快乐过吗？

10年来，你让丈夫、孩子快乐过吗？

好好思考，听从直觉。

第四章

心甘情愿接受任何痛苦，
只要痛苦有意义

人生每一件事都有意义

#问答林景新#

作为教师，持续数十年的教与写，对我而言或许是一种因果的延续。我曾以为这不过是职业与个性上的热爱，但是直到有一天，一个与我并不熟悉的网友在微博里给我留言：林，你的文字，给了我抗癌的勇气。

那时我才恍然，人在黑夜中前行，一点点的暖心光明都会让人记得很久很久。文字或言语就像火把，在漫长的人生寒冬中，带给我们一些温暖的启迪。在某一刻，你无意中种下的种子，在他人心中或将开成灿若春天的花圃。

从苏格拉底时代开始，问答就是一种非常有效的学习方式。这既是对知识深化的理解，也是一种对思辨思维的培养。获取知识并不是人生的目标，知识只是工具。如何让这一生过得丰盈、快乐、富有意义，才是我们追求的目标。

把知识转化为思维，把思维转化为行为，把行为转化为结果，这是我授课的责任追求，也是我们每个人应秉持的学习准则。

希望下面的问答，能给各位带来思想上的一点启迪。如果不能，带来一点快乐也行。

01

问：老师，我已经苦苦抗癌一年多，以痛当歌。人靠食粮而生存，于我而言，由于没有了治癌医疗方案，除了营养物质，我更依靠不死的强大内心与癌斗争来求生。您能够写一段话送给我吗？

答：心甘情愿承受任何痛苦，只要这种痛苦对成长有意义。人生漫长，生活的痛苦无穷无尽，我们唯一要担心的是，自我的成长是否配得上曾经遭受的痛苦。只要痛苦有意义，就会变成另一种福报。愿福报加持你，我的朋友！

02

问：林教授，经常看您的文章，受益匪浅。请问如果被人误会了，而又无从解释，该怎么办？

答：爱你的人，何须解释？不解释，他依然爱你。不爱你的人，何必解释？解释了，他也不爱你。

03

问：林老师，您好。去年我在成都上过您的课，一直印象深刻，也很喜欢您的文章。问您一个问题：在和别人的交流中，怎么能让自己坦然面对、敞开心扉、真诚表达呢？

答：真诚不需要学习，也无法学习。这是一种品格，具有内在、大地般的属性。如果你向来真诚，那么你一直都是真诚表达的，只是你不知道而已。如果你觉得对着某些人无法真诚，也接受这样的自己吧。自然表现自己是另一种真诚。

04

问：林老师，我是"单身狗"，每个月的工资也低，租房住，相貌平平，但我常常很开心。您是心理学家，我想知道这怎么解释。

答：一个人过得开心，原因有很多，比如非常有钱、情场得意、长得好看、得到认可、事业成功。根据你的口述和我的心理学知识，你开心的原因只有一个：心大。

05

问：林老师，想请教一下您：我喜欢上一个男孩子，是公司的同事，我比他大3岁，我们经常出去旅游、逛街、看电影，相互分享彼此的事情。但他有过一段很深刻的感情，一直对那个女孩子念念不忘。他们分手后他也谈过几个女朋友，但都很快结束了。他跟我讲过，因为那个前女友，他很难持续一段新感情。现在我不知道应该怎么做，我是真的很舍不得放弃，因为我出来工作已经八九年了，一直没遇到喜欢的男孩子，这次好不容易遇上了，我也鼓起勇气去追求、去表达。但我感觉看不到希望，害怕继续这样下去，会越陷越深，最终还是没有任何结果。我每天都处在矛盾和纠结之中，感情的付出没有得到回应是我感觉最累的地方，希望林老师能给我一点指点。

答：不必去追问爱某个人值不值得，真正的爱是不需要问值不值得的。爱对了是回忆，爱错了是经历。

06

问：您教授幸福心理学，可否告诉我结婚应该找什么样的对象？

答：与其找一个从不会惹毛你的人，你更应该找一个会大声对吼却可以十分钟内原谅你的人结婚。因为婚后，被对方惹毛是人生的必然。

07

问：教授，刚刚听完您的课"真实的幸福"，讲得真好！我想问：婚姻的聚散跟幸福的关系是什么？

答：离婚不是结婚的反义词。因为结婚是为了幸福，离婚也是。你理解了这段话，就理解了婚姻的含义，也理解了人生的选择。

08

问：老师，我们为何有时觉得岁月短暂，有时觉得人生漫长？

答：老人凝视小孩，感觉人生如弹指一挥间。小孩凝视老人，以为人生漫漫无尽头。人生是长还是短，不在时间本身，而在心境。

对于人生，我的观念是：人生应该正着过，倒着去理解。

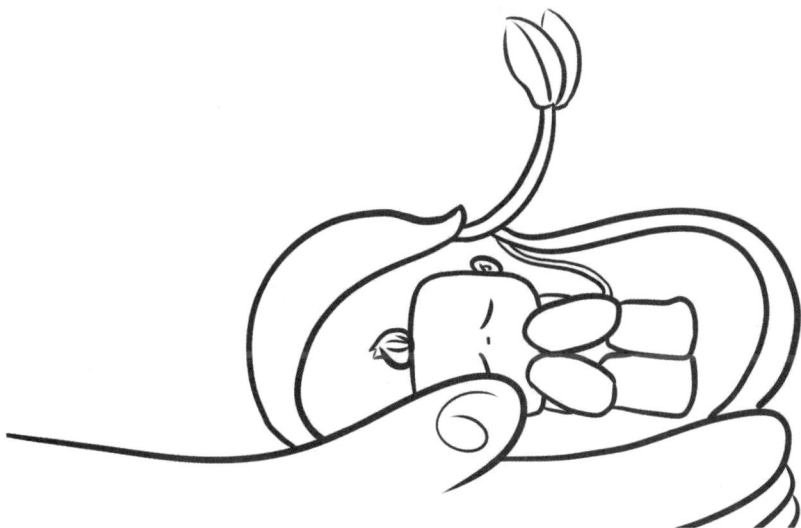

岁月如流，人生漫长

09

问：林，你遇到过什么事情落差很大，让你大跌眼镜？

答：在一处清幽的角落，我曾注意到一名安静独坐的男子。

他穿着简朴，脸庞留下岁月的沧桑痕迹。他眼神忧郁，时而静静望着天空，像是在思考过往的人生；时而双眼微闭，轻晃脑袋，似乎在彻悟宇宙的终极命题。

后来他看到我走近，问我："兄弟，你带充电宝了吗？我手机没电了。"

10

问：林老师，生活中有什么样的观念我们习以为常，其实错得厉害？

答：把幸福视为人生目标。**生活中，我们常把目标与情绪混淆，幸福其实不是人生目标，而是深刻的情绪体验。**人终其一生不是追求幸福，而是超越痛苦，这是一种对待伤害、失落、挫折等人生负面情绪的积极控制力。超越痛苦，就是幸福。

11

问：我们对持续一生的婚姻相处应持怎样的认识？

答：这种感觉就是把你手机里的音乐删掉，只留下最喜欢的一首，从此无限循环。从喜欢到厌倦，再到习惯。寻找最好的爱情就像去海边捡贝壳，你不一定能捡到最大的，也不一定要捡到最好看的。聪明的人会在海边找一颗自己最喜欢的，放在口袋里，然后一辈子都不再去海边。

12

问：教授，年轻时我们养成什么习惯最重要？

答：生活中有两个习惯能让我们保持旺盛的活力和积极的情绪：持续学习和坚持运动。前者保证思维有活力，后者保证身体有活力。这是我们必须坚持的习惯。时间一天一天地过去，貌似什么都没变，但是只要你坚持，有一天，当你回头看时，你会发现每件事都变了。

13

问：林老师，我有些困惑，我和爱人是异地夫妻，因为生活中的小事变得感情不和，都认为爱情逝去了，不知道还在坚持什么，觉得完全没有期待，怎么办？

答：如果只是因为异地，就觉得爱情逝去，那么原先貌似甜蜜的感觉其实根本就不是爱情，生活中的小事只不过是让你看清这一点而已。

14

问：林教授，我老婆平时挺好的，就是遇到事情的时候特别想不开。她在外面遇到事情，回家说了，我总是不能拿捏安慰她的点，最终变成我俩吵闹，两个人心里都特别不舒服。每次闹到最后都以不愉快收场，我感觉很痛苦、很无助。想请教一下您，如何才能在她需要的时候给到她需要的？如何拿捏这个度？感谢！

答：心理学研究表明，女性每天平均要讲三万个字，而在工作中，她们一般只能讲两万，剩下一万得回家讲，如果没能顺利倾诉，她们心里就会憋得慌。所以在婚姻中，学会倾听是先生对太太最大的浪漫。

太太向你倾诉事情，不一定是需要答案，更多的是需要得到共情与接纳。高质量的倾听如专注、回应、理解，就是对太太负面情绪最好的共情与接纳。

下次看到你太太满身疲惫回家时，你可以借臧天朔的一句歌词告诉她：“如果你正承受不幸，请你告诉我。”

15

问：林老师，我曾经向一个救过我的恩人致谢（送薄礼、写感谢信、拜访），但是对方竟然说我太胖。这话传到我单位某些好事之徒耳中，然后有的同事开始私下这么说，后来干脆在电梯里说我丰满，电梯载不动。我特别失落，也特别讨厌胖胖的自己。可能救人只是他的工作职责，换作别人也会这样做吧。

答：不必强化你的痛苦，每个人的内心其实都潜藏着与生俱来的某种自卑。

过去几十年，心理学研究的重点课题就是人如何从自卑中超越。对发生的事情采用什么样的解释风格，就是决定性因素。把发生的坏事解释为绝对的、唯我独有的、永久的，你就会走向消极；把坏事解释为暂时的、可逆转的、坏中有好的，你就能用积极的力量扭转一切。决定我们人生的，从来都不是过去发生了什么，而是我们赋予过去什么样的意义。

从今天开始，你必须用强大的信仰、用巨大的毅力，去适度运动、科学饮食、规律作息，目的并不是减多少体重，而是让那些不看好你的人，从此看到你身上闪耀着的不屈精神。

动起来吧，做一个不屈的人，让精神闪耀，让懦弱见鬼去。

每一个不曾起舞的日子，都是对生命的辜负

16

问：老师，我是一个单身母亲，生活很累、很痛苦，从来没有被好好爱着，时常觉得人生太漫长。我能做些什么来摆脱痛苦？

答：爱情是痛苦最好的解药。过去不曾被好好爱着，那么从这一刻开始，自己去追求爱，勇敢、自信、大方。你一定要相信，这个世界上有那么一个人天生就是爱你的，无论离你多远，无论需要等待多久，这个人必定存在，你要勇敢地去寻找他。

好的爱情是人生最好的礼物，正是这些浓郁的爱意，让我们在人生痛苦低沉时刻得到了救赎。一个人如果拥有爱情，那么他的生命就是舒展的、为人就是平和的，他的脸上总是微笑着，他对生活充满期待。

人生再艰难，也一定要相信爱情的存在。请勇敢地去寻找那个命中注定的爱人，那个人的出现会让你原谅之前生活所有的刁难。

最后，请记住诗人艾米莉·狄金森的诗：**等一万年不长，只要有爱作为补偿。**

17

问：林老师，如果上了年纪还受不了委屈，容易掉眼泪，有什么办法可以让自己真正成熟？

答：心理学有一个"哭泣效应"，指的是一个人遭遇难过的事情之后大声哭泣，虽然事情没有任何好转，哭泣者的悲伤情绪却能大大得到缓解。哭泣是缓解焦虑与痛苦的有效方式，即使这种行为在有的人看来很幼稚。

这说明成熟指的不是不再流泪，而是更懂得眼泪的价值。不为煽情的假象而哭，只为真实的疾苦而哭。一掬清泪，是身体的觉知，是意识的觉醒，是心灵的觉悟。

要好好珍惜这一刻，委屈或者难过时，清泪就会自然涌出，这说明身体平衡机制是如此敏捷与健康。总有一天，生活会令你的敏感钝化、你的知觉麻木、你的泪腺干枯，那时你只会悄无声息地痛苦，而不再仰天肆意地哭泣。那时你一定会怀念曾经情感丰富、迎风落泪的自己。

黄昏只是一天的刹那，然而刹那胜过长久

第五章

幸福就是某种程度的自私

要同情，不要共情

#问答林景新#

　　每个人都会有这种经历：朋友向你倾诉他的人生不幸，倾诉完毕，他的心情轻松了，你却久久无法平静。深刻的共情能力，让你成为朋友们信赖的人，但总让你的快乐被他人的痛苦轻易碾碎。

　　在积极心理学上，我们对待他人痛苦的正确心态是同情，而不是共情。共情是体会痛苦，融入其中，所以共情者非但无法提供有效帮助，反而会被卷入其中。同情则是理解不幸，但明确他我区别，最终还能从第三者角度提供力量。

　　必须承认，幸福就是某种程度的自私：理解他者痛苦，但不允许自我因此悲伤。

01

问：林老师，朋友们心情郁闷时喜欢找我倾诉，我会安慰他们，但我自己郁闷时，却只是忍着。我该自豪吗？

答：生活中，如果你是一个好的倾听者，朋友们喜欢找你诉苦，说明你的共情能力很强。心理学上，共情指的是一个人感受他人情感变动的能力。共情能力强的人会被视为同理心强，总能设身处地为他人着想。但从幸福的感受上说，共情能力太强其实是致命的。他们会在负面事件未发生时先产生消极情绪，而在负面事件结束时，他们的消极情绪仍在延续。

在你为全世界而慷慨悲伤时，共情能力弱的人却在自私又光明正大地幸福着。幸福有时就是某种程度的自私，只是我们不肯承认而已。

02

问：教授，还有半年我就要退休。一辈子忙碌惯了，我一想到退休，每天没事干，内心就充满焦虑，请给我一点指点。

答：以前当我很忙碌时，我也害怕自己有一天会无所事事。

但是后来，我真正无所事事时，才发现这就是我想要的。

生活中我们所恐惧的，有时恰恰是渴望的伪装。

准备好迎接你的美好新生活吧。

03

问：咨询您一个问题：面对领导安排的重要的新工作，尽管时间宽裕，但我还是会焦虑，担心做不好，导致情绪不佳。请问这是心理有问题吗？有什么好办法解决？

答：焦虑的根源是纠结：拿不起、放不下。拿不起是因为不够智慧和努力，放不下是因为不够勇敢和坦荡。

杨绛说："你的问题主要在于读书不多，而想得太多。"希望这句话能给你启示。

04

问：林老师，不好意思打搅到您了。我有个难题：我目前在澳门的零售行业工作，上个月提交了辞职信，月底就能离职。我有点感伤，不知道自己的选择是不是正确的。我今年21岁，在准备自考，以提升学历。我想去其他地方历练自己。

答：人生没有绝对的正确。相信自己的相信，更重要的是让自己的相信成为正确的选择，用勇敢、用努力、用智慧。

05

问：帅气又有才华的林老师晚上好！您姓林，我也姓林，咱们相遇是一种缘分。我有个小孩要出生，名字还没想出来，想问您能帮忙取一个名字吗？斯字辈，林斯什么的……或者师字辈也可以……

答：还没出生，未知男女，未晓五行，你就着急取名。这说明你是个急性子，你的娃以后可能也会是个急性子。所以，你的娃五行缺慢，需要稳当。

我建议：女孩叫林斯曼，男孩叫林师稳。

06

问：林老师您好，我有一个困扰，希望能得到您的开解。我在体制内一个人少的小单位工作，身边有一位"猪队友"，和他沟通时很难准确到位。比如你一次跟他说两件事情，或者是说一件事情的两个方面，他一般只能听到一件事情或者一个方面，然后他的思维就会停留在那里，没办法继续。而且他认定的事情，不论对错，基本很难改变他的认知。和他共事十来年了，他属于愿意做但真的做不好，或者说人品没问题但能力有问题那种情况。我和他沟通共事，感到生气且无力。但单位人少，没办法不共事。希望您在有空时能帮我开解。

答：你要格外珍惜这样的"猪队友"，因为如果他人品好、能力又强，那么他可能早已是你的领导而不是你的下属了；如果他人品差能力又差，不知道给你留下多少烂摊子无法收拾；如果他人品差、能力又强，那就更可怕了，也许给你埋了许多雷、挖了许多坑……事实也证明，你们的缘分很深，竟然已经共事了十几年！没有友情也有了深情，没有深情也有了同情。

去喜欢一切逆你意的人与事吧，这些都能让你大彻大悟。

07

问：林教授，最近我的孩子摔伤了下巴，缝了4针，医生说会留疤。我每天面对孩子时都在自责和焦虑，担心疤会不会很难看，到底有没有办法去除，会不会对孩子造成心理影响，也不愿别人提及孩子的伤，心里憋屈得难受。林教授，您见多识广，可以告诉我该怎么办吗？

答：成长过程中，许多孩子都会摔伤，你的孩子不是个案，长大后他们的疤痕并不明显，所以多数孩子并不记得此事，更不会因此责怪父母。只要多跟医生聊聊，多跟其他父母聊聊，你就会发现自己的担心是多余的。

去聊聊吧，不要把话憋在心里。

08

问：老师，我们单位来了一名新同事，每天我们都一块去吃午饭，我能确定的是自己很喜欢她，但不能确定她是否也喜欢我。当我离她很近时，感觉她有意避开。我该如何确定？

答：如果你不确定自己是不是喜欢一个人，实际上你就是喜欢。

如果你不确定一个人是不是喜欢你，通常她并不喜欢你。

09

问：老师，焦虑是如何来的？为何有时我会莫名其妙地有焦虑感？

答：某天，你忽然感觉自己老了。其实你不是老了，而是恐惧自己被淘汰。一个不焦虑的人会有足够的自信，不会轻易感觉自己老，只会感觉自己正在走向成熟。焦虑来自对未知和不确定性的失控感。

10

问：有人说，活着一定要有人生目标，但我好像没有，我就喜欢每天慢悠悠地生活。林老师，我是不是废了？

答：15年前，我参加过一次毕业班的聚会。同学们围火而坐，谈理想。有的人生目标是创办公司，有的人生目标是开小资咖啡馆。最后一个发言的人说他没有人生目标，觉得慢慢活着就挺好。

说此话时，他一脸严肃认真。大家哄堂大笑，我却被触动：所有人中，他的目标最真实与务实。人生一定要有目标吗？慢慢活着，活出滋味，活出感觉，这或许是人生最美好的非目标的目标。

我相信，多年后，这个没有目标，或许也不富裕的他，将是最具人生幸福感的。

祝你幸福。

11

问：老师，您最喜欢的美食是什么？

答：常有人跟你一样，问我："你最喜欢吃什么？""你最喜欢哪个学生？"我害怕这种问题。这种问题像一把刀，在你挑选"最"的那一刻，瞬间切掉生命中另外一大块。

我吃过许多美食，见过许多人，经历过许多难忘的岁月，在流淌的时光中，这一切盘根错节，融合成人生的美好：它们无法被分割，无法被贴标签，以至于你不忍心用"最"这把刀把美好的整体切碎、分级。

我喜欢闲暇午后、秋色荒野、围炉小饮、回眸浅笑……没有"最"的时刻，却有刹那的美好永留心间。

12

问：林老师，我参加过您主持的读书会，您说人要多读书。我是抑郁症患者，请问读书能给我带来快乐吗？

答：你的问题让我想起托尔斯泰。这位俄国大文豪拥有诸多土地和奴隶，曾过着锦衣玉食的生活。有一年，在一次长长的阅读与思考之后，他忽然厌倦了现时制度与状态，宣布解散庄园并给予所有奴隶自由，独自拎包出走，永遁世间。

每一个期望从阅读中寻求快乐的人通常会感到失望：在治疗内心孤独上，阅读一万本书的效果比不上找一个对象直接。但阅读的好处就在于，我们或许一生都摆脱不了孤独，知识却会让我们领悟孤独的价值，并对其安之若素。在一个暴风雪肆虐的夜晚，托尔斯泰倒毙在火车站，那姿态看起来很孤独，却是如此安详，如此意足。知识或许改变不了命运，但可以改变命运之舟靠岸时的心态。

13

问：我博士毕业，在研究所工作5年了，有时对工作很喜欢，有时又深度厌倦，请问您如何对待工作厌倦感？

答：每个人都会有工作厌倦感，但这并不妨碍我们继续热爱。这里的生活是这样，那里的生活也是这样，每种生活貌似迥异其实雷同。比起轻易放弃，我们更应该在重复而琐碎的生活中寻觅生活的意义。

14

问：林老师，请问"自私的人更容易得抑郁症"这个说法有没有科学依据？

答：我认识一些心胸开阔、共情能力很强的人，朋友们遇到痛苦就会找他们倾诉。倾诉完毕，倾诉者的心情轻松了，被倾诉者却久久无法平静，甚至心理被逼向抑郁的边缘。深刻的共情能力，让某些人成为朋友们信赖的人，但他们的快乐被他人的痛苦轻易碾碎。

我认识一些自私的人，关注点永远在自己身上，在这个充满悲伤的世界里，他们没心没肺、不苦不累。巴尔扎克笔下的吝啬鬼葛朗台正是如此。

心胸开阔与为人自私是道德概念，而抑郁是生理病变与心理郁结的合谋之物，这两者没有直接的关联。当然，为了避免滑入郁郁寡欢的情绪泥潭，我们对待他人痛苦的正确心态是同情，最好不要共情。共情是体会痛苦，融入其中，所以共情者非但无法提供有效帮助，反而会被卷入其中。同情则是理解不幸，但明确他我区别，最终还能从第三者角度提供力量。

必须承认，幸福就是某种程度的自私：理解他者痛苦，但不允许自我因此悲伤。

15

问：林老师晚上好，打扰您了。有个问题想请教下您：我和一个合伙人合作开公司，目前处于磨合期。我很不喜欢他对他老婆的态度，感觉很冷暴力，他老婆也常向我抱怨，但更多的时候觉得他优秀，就忍忍算了。这种情况多次发生，有时还当着我的面。我也说过他，但他没有改变。作为合伙人，我感觉他这样的品性有可能会直接影响到事业，您说，我还要和他继续合作下去吗？

答：企业不是道德讲习所，而是能力输出地。你要用人之所长，而不是盯人之所短。一个合伙人只要能力够强，能为公司创造价值，那么他就是出色的。你可以在内心鄙视他对待家人态度冷漠，但不可从运营角度否定他的一切。

在企业运营中，你的关注点在哪儿，你的结果就在哪儿。关注员工的家长里短，你就会变成无聊且八卦的道德评论家。关注员工的能力优势，你就会变成一个不断让公司提速前进的超人。

16

问：林老师，冒昧地请教一个问题：遇到一个事无巨细都只想甩锅、坐享其成，一整个"自私"都写在脸上的领导，该如何自处？

答：当你认为某个人自私时，其实"自私"并不是他的固定属性，否则所有人都会如你那般认为。恰恰相反，在你讨厌他的同时，却会有人认为这个人很可爱、很大方、很慷慨。

我们的意识如同油灰，当你被某一类型的人伤害之后，与这一类型相似的人就会成为你的关注点。从此你就会形成一种固化的意识铭印，不仅特别关注这一类型的人，还变得无比敏感、易怒。其实他们的坏并不突出，他们也不是针对你，甚至根本不知道你很讨厌他们，他们中某些人还可能把你当知心朋友……你只是把对某一类型的人的恨投射在一个具体的人身上，让他看起来特别可恨而已。

当你的意识铭印清净，你就会发现你讨厌的人没那么讨厌了，无法接受的事变得可以接受了，从此你就可以安静自处了。

17

问： 老师您好，我妹妹结婚10年，夫妻俩育有一双儿女，最近在闹离婚，父母坚决不同意，说我妹妹自私，不顾孩子的成长。离婚的原因是妹夫常年沉迷于赌博，各种外债压身，并且不思悔改。父母的意思是就当作没有妹夫这个人，让我妹妹带着孩子自己过日子，自己抚养孩子长大。但是，我妹妹才30岁，勤劳踏实，工作努力，她不愿意继续这样的婚姻。请问林老师，我该怎样劝说妹妹或者父母？

答： 婚姻的真正价值，其实不在于锦上添花，而是体现在照亮人生的黑暗面。当你需要依靠时，永远有一个坚实的肩膀为你挺立，高兴你的高兴，悲伤你的悲伤。在你寂寞的时候，有一个人耐心听着你的呓语，陪着你无所事事。但是，当一个人染上毒瘾、赌瘾或其他上瘾行为时，就会心态扭曲，所有的关注点只会放在自己欲望的满足上，而照亮身边人黑暗面的能力与能量就彻底消失了。

你妹妹不需要被说服什么，离开这个沉沦的男人是最好的自我泅渡。只要她能独自带好孩子、过好生活，就是对父母最好的说服。父母从来都不会是子女幸福的绊脚石，他们的抱怨也只是对子女幸福的担忧。只要你妹妹坚强、努力、乐观，父母的疑虑就会消失，对孩子的负面影响就会降低，人生的路就会越走越好。

18

问： 老师，可能我遇到了一个错误的人，结婚后发现彼此三观以及生活习惯等都不合。我一直告诉自己多忍忍就好，但我的脾气变得越来越差，想逃离现在的生活。可是一想到孩子，我就于心不忍，现在时不时陷入纠结与不开心中，事业与婚姻，觉得哪个都不顺。希望老师有空可以帮我指点一下，谢谢您！

答： 哈佛大学有一项幸福追踪调查：什么能让我们最大限度地保持健康幸福？结论是良好的亲密关系。

孤独对健康有害。孤独指的不只是状态，更是心态。处于糟糕婚姻关系中的人比从不结婚的人更孤独，他们的大脑退化更快，身体健康状况更差，寿命更短。成长在父母糟糕婚姻关系中的孩子，受到的伤害并不亚于成年人。

这说明，如果缘分来了，可以结婚。如果结婚，要好好相处。如果相处不来，一定要选择离开。婚姻的本质是一场价值的交换，我的忠心换取你的照顾，我的关怀换取你的体贴。但如果爱尽了，没必要装出有爱情的样子。

一个男人如果有以下三种情况，你可以考虑选择离开：一是从不肯为你有任何改变；二是有矛盾时不沟通；三是从不会道歉，更不会说让你暖心的话。

好好沟通，真诚对话，彼此尊重。在这基础上，或尽最大的努力调适彼此的关系，或下最大的决心走自己的路。

第六章

笑点低的人，天生就是赢家

你一笑，花儿就开了

#问答林景新#

在我写过的文字中，记录最多的对象就是我爹。儿子记录父亲，是对无垠时光流动的有意标记，我在记录父亲如何走向衰老，同时也是在记录自己如何走向岁月的终点。父母是子女必将抵达的镜像，子女是父母回不去的曾经。

在生命的长河中，如果你意识到有人正在趋向你或者你正在趋向某人，时光流逝的意义就会跃然而出。只有时光不断流动，我们与父母、子女与我们才会真正严丝合缝地合一：我们会长成父母辈的模样，子女会重现我们的镜像，就如时光之河，生生不息，循环往复。

时光是一条流动的河流，我们都在瞬息万变。我在流向你，你在流向我，我们都在一起流向岁月的大海，最终我们彼此交融。

我就是你。

每个文字都可以是时光的一个碎片，倒映出生活的某种模样，这就是写作的意义。

希望以下的问答，能让你从时光的河流中瞥见某个曾经的自己。

01

问：林老师，如何才可以提升自己讲话的水平？我是"直男"，说话太直了。

答：讲话直的人，是因为我执强烈，只考虑自我，不在乎他人。只要心中有他人，讲话就自然温柔，脱口前就会三思。

02

问：林，我看了你的新书《我爹是个段子手》，很有趣的书，看得出来，你小时候很调皮。我想知道，你爹对你最耿耿于怀的一件事情是什么？

答：小学一年级时，老师让我填家庭关系表。在"家庭成员"那里，我先填了父亲的名字。在"关系"那里，我想了很久，最后填了"紧张"。

这一天，是我漫长挨揍生涯的开始。

少壮不努力，老大徒伤悲

03

问：老师，我有一位同事，我都不知道怎么惹到他，他就拍桌子大吼。关键是，只有我俩在场的时候他才会发火。我应该怎么和这种人相处呢？

答：下次他发火，你作为男人也可以送他一个妩媚的眼神，他的内心要么感动，要么惊骇。人生最爽快之事就是：别人对你发火，你却从不发火；别人看不惯你，却又对你无可奈何。

04

问：林老师，想跟您讲讲我和一个男孩子的故事。今年5月，他主动接近我，百般照顾，让我觉得有安全感且被偏爱。7月，我开始动心，到8月中旬，我们一直保持良好互动。就在9月，因为一些小人谗言和琐事，他开始对我冷暴力，并暗示我们并不合适。想问问老师，是不是有一种人，只享受追求的快乐，一旦你喜欢他，他就不喜欢你了？

答：人生不就是这样吗？要么我不喜欢你，要么你不喜欢我。这不是偶然，而是人生的必然。永远不存在别人是不是那样想，从来只有你怎么想这回事。

成年人的情感相处最好的状态应该是：你可以不喜欢我，但明明确确让我知道。真诚相待比结果更重要。

一个人过了30岁，就要习惯两件事：坦然拒绝别人以及坦然接受被别人拒绝。

05

问：林老师，我没有什么大的本事，就是容易开心，这算不算是本事？

答：如果活着就是为了开心，那么笑点低的人天生就是赢家。祝贺你，赢了！

有趣的人生，值得期待

06

问：我喜欢上一个离异的男人，他已离婚5年了，他和前妻有一个男孩，孩子跟着妈妈，他定期带孩子，出抚养费。今年是我俩在一起的第四年，性格等各方面都挺合适，只是有时候直面他孩子跟前妻的一些事，我心里会觉得不舒服。我父母也不太同意，我妈说她周边找二婚的没一个幸福。我这会儿很矛盾，想结婚，但是我自己心里跟家里都有阻碍，不结婚又觉得他挺好，不想放弃，左右为难，我应该怎么选择？

答：如果现在想到他孩子跟前妻已经很不舒服，你以后只会更不舒服。嫁给他，日日相处，夜夜相对，那些琐屑的但让你不舒服的一粒灰，会变成压垮你的一座山。我建议，离开。

07

问：林教授，想问一下，一个人不会社交对他影响大吗？社交是必要技能还是非必要技能呢？

答：人是群体性动物，想社交是一种本能，会社交是一种本事。有时我们之所以觉得社交很累，是因为每个人都想表现出自己不具备的素养。不会社交没什么，但如果想在事业上有所成就，那就比较难了。

08

问：林老师，我生了重病，现在恢复阶段。生病之后我对我的过往非常排斥，直接否定了我前半生走过的路，总想逃离现在的环境，但这又是我逃不开的人生，我该怎么办？

答：人生境况的变化通常会带来意识的转变，你否定之前的路，这意味着一种新的开始，要欣喜，要接纳。

但真正的改变并不意味着马上颠覆，而是润物细无声地改变，因为细微，所以并不会给自己和他人带来太大的压力，你会面对更小的阻力和拥有更大的坚持的可能。祝你平安喜乐。

09

问： 一个熟悉的朋友今天竟然在其他朋友面前诋毁我，我真的很难过，我对她那么好，但人性为何这么坏？您能告诉我这是为什么吗？

答： 如果有人在背后诋毁你，并不代表她一定是坏人，而是你遇到了一个能量比你低的人。我们的一生会遇到三种人：能量比你低的人，诋毁你、否定你；能量和你相当的人，陪伴你、喜欢你；能量比你高的人，成就你、引导你。

人无绝对好坏，只有能量高低而已。不要因此怀疑自己，一个人不是为迎合任何人的评价而活着，而是为享受生活而活着。

10

问： 我是一名中学教师，在您看来，教师最重要的素养是爱心还是博学？

答： 都不是，作为教师最重要的素养是无我。

当你忘记教师的个体角色，你就会融入群体，从听众的角度思考知识的建构逻辑；当你忘记教师的姿态，你就会停止高高在上的说教，开始对学生进行更有艺术的启迪与引导；当你忘记教师是一份职业，每一节课都会成为你对知识探索的思想激荡。

一个人执着于成为诗人，他便失去了诗。一个人放下固定的属性，他便获得了无限。执之，失之。

忘掉教师这个角色吧，我们只是热爱教学。

11

问： 老师，我去年遇到我现在的老公，他离异四年，带着一个儿子，在事业单位做中层管理，我们恋爱一年，7月份我顺利怀孕，现在肚子里的孩子已经满7个月了。

在与老公相处的过程中，我才真正发现了问题，他有严重的自恋型人格障碍（NPD）。我们婚前进行了财产公证，他出全款买房子，但房产证要写他的名字，装修费要我出。我对他儿子稍微有一句话不好听，他就狂躁不已。

我们已经分居了，我想过不要孩子，离婚后重新开始。但是孩子现在7个多月了，很健康。老师，我该如何选择？

答：当两性关系出现矛盾时，我只见过女人会厌恶男人，没见过妈妈会厌恶孩子。一个错误的男人辜负了你的人生，孩子却能丰盈你的生命。

生命的诞生是世上最伟大的奇迹，所以请好好爱你肚子里的孩子，放下分歧和不满。当孩子出生后，男人可能依然如此斤斤计较，但你却可能因为升级为母亲，从此变得更加宽容、慈悲，你们的婚姻矛盾有可能会改变。我相信在一个法治的国家，法律会保护未来的你与孩子。

12

问：林教授，晚上好！我的孩子现在15岁，正在读初二，性格内向。之前学习成绩中等，这半年来学习成绩下降得很快。晚上他老是睡不着，心烦意乱，后来发展到有自残倾向，用刀片划手臂。我和他沟通，问他是否在校受到伤害，或者是失恋之类的，他都说不是。他跟我讲他现在老是学不进去，很迷茫，很害怕。希望林教授可以给我一些建议。

答：当以下三种因素同时出现时，一个人的精神就会被压垮：刻板的两点一线的生活、无穷无尽的压力感、糟糕的人际关系。

当孩子出现行为紊乱时，要去医院检查与评估。如果检查结果正常，必定是精神压力过大导致，你可以对照上述三点去化解。

其实孩子的抗压能力很强大，但前提是与父母感情融洽、思想交流良好。每个人都有压力，但只要背后的支撑足够强大，压力就会被适度分流。今天孩子难过流泪，如果能得到家人的鼓励或慰藉，明天他就能继续含泪勇敢前行。

孩子苦如斯，父母大有责：你不够强人，陪伴不够，精神共鸣不够，不能成为他信任的朋友。

除了谋生赚钱，你还需要去学习如何成为一位更好的父亲。父亲不仅是称呼，更是孩子一生最强大的精神依靠。这就是我的建议。

13

问：老师您好，我是一名高三学生。有一个男孩子拒绝了我，但我放不下他。

答：以后你会感谢那些不喜欢你的人，让你有机会不再做梦，以为别人对你的喜欢是人生的必然。

人生没有任何东西是必然。

在喜欢你的人那里去热爱生活，在不喜欢你的人那里去看清生活吧。

祝你高考顺利。在你这个年纪，前途比恋爱重要。

14

问：林老师，在我16岁这个年纪有喜欢的人很正常吧，可是为什么我现在很难理智地处理分手吵架这些问题？

答：你才16岁，你这个年纪不理智是正常的，吵架是正常的，分手是正常的，复合也是正常的。在你这个年纪，一切不正常都是正常的。

你不必担心自己遇到事情时情绪的不正常，因为成长会带走一切不正常之事，最终将其变成深切的青春回想。

15

问：您可否用一句话概括什么是幸福？

答：你想要的，刚好就有。这就是幸福。

人生的痛苦就是，你想拥有什么你就缺什么；人生的智慧就是，你拥有什么你就用好什么。

16

问： 老师，我读本科时毛发旺盛，现在博士快毕业了，竟然秃顶了！女朋友老是笑我读书读出毛病了……请问，秃顶是不是病？

答： 亲爱的同学，秃顶叫没毛病，是病，也不是病。

17

问： 林老师，跟您请教个问题：您讲课的主题涉及方方面面，请问您是如何做到对心理学、危机管理、哲学等方面都有很深入的了解，并且能侃侃而谈呢？烦请赐教！

答： 教师这个角色的基本能力，不是传道授业解惑，而是逻辑自洽与理论上的自圆其说。在这个原则下，一个教师只要保持持续自我学习的习惯，能积累各学科的庞杂知识，讲课时自圆其说的能力就会比较强，于是听者就会感觉台上的讲述者侃侃而谈、挥洒自如。但这并不意味着讲述者思想深刻，只能说明其应用知识碎片的手法娴熟。

口才无关思想。

不必敬佩那些口若悬河、貌似无所不知的人，他们要么受肤浅的炫耀欲所驱使，要么为谋生所迫。在广州外贸批发城，我曾见过一个批发袜子的中年大叔，竟然能用几种外语和外国客商流利沟通。

我问大叔："为何你这么有才？"

大叔说："若非生活所迫，谁想才华横溢？"

嗯，我就是这种大叔。

第七章

何为人生最美妙的状态

见人得乐，心生欢喜

#问答林景新#

一个薄雾的清晨，杨五哥带我去爬山，看他漫山遍野种下的橄榄树。

在树下，我问他，今年预计产量如何？

五哥说，嘿嘿，要发小财了。

我开心地笑了，五哥也笑了。

见他人得乐，你便欢喜在心、微笑在眼，每天的欢乐将加持于你，人缘、运气、阳光的情绪，人生好的一切，由此而生。

见人得乐，心生欢喜，这是人生最美妙的状态。

01

问：林老师，我儿子读高二了，最近十天状态不太好，他总是不由自主地想人死后会怎么样，总是停不下这个念头，他说自己快崩溃了。我很担心，这会不会是抑郁症的前兆，还是说只是学习压力大而已？

答：你要仔细观察孩子近期有没有遭遇霸凌、失恋、考试方面的打击，这些是直接导致孩子心理波动的主因。如果你的孩子从来热爱学习，天分很高，那么他感觉上滋生的痛苦并不一定是精神或者心理系统的疾病，而可能是知觉系统的投影错觉。

天分高的孩子，更容易从阅读和别人的遭遇中觉察细腻的痛苦，而普通人只是感受到不舒服。父母一定不能轻易给孩子贴上"抑郁"的标签（包括不能轻易让医生贴上此标签），负面标签会自动把孩子拖入真实的精神深渊。

当"巨大的压力""封闭的环境""恶劣的人际关系"三个因素同时出现时，人的心理健康就会出现严重的问题，精神抑郁指数就会迅速增加。要想心理健康，就一定要竭尽全力避免陷入这种境地。

建议你及时帮助孩子化解当下的精神困境。

02

问：林老师，我看过您的《远方有多远》一书，非常喜欢您去过的地方，同时对您所遇到的性格迥异的人和许多有趣的事产生了浓厚的兴趣，心里十分向往。我也明白，这些都需要资本和实力，可我资质平平，我以后该如何成为像您这样的人或者如何追随您的脚步呢？

答：一个人到了一定的年纪，自然会实现一些自己以前都不能想象的梦想，不需要把自己变成任何人，你只要努力成为一个更好的自己就可以了。

03

问：林老师，您是心理学教授，我想问下，我最近升入初三，学习压力很大，晚上总睡不好，特别是考试前的周末，几乎都是失眠，这种现象困扰我很久了，我该怎么办？

答：第一，运动能够减少焦虑，你可以坚持每天抽出半小时去打球。第二，不要把学习的目标对标其他同学，人生的焦虑就来自总想与他人相比。你要做的只是超越自己，只要每天进步一点点，你就可以为自己高兴。入睡前心情愉悦，睡眠质量就会提高。

许多人失眠，就是因为太在乎睡眠。下次睡不着，就偶尔起来打半小时游戏（但记得不要超过自己限定的半小时）。当年我就是因为游戏打得很烂，知道自己在电玩上天分不高，于是就改去读书。

别焦虑，人生漫长，不慌不忙。

04

问：到了"双十一"，一看到自己喜欢的东西，我就想买买买，这是不是一种心理疾病？

答：同学你好，看到自己喜欢的东西就想买买买，这不是心理疾病，而是一种智慧：因为钱并不是真的花掉，只是换一种方式陪在身边而已。

05

问：林老师，最近一段时间我女儿（8周岁）学习态度不端正，昨天上课跟小朋友传纸条没听课，被老师批评了，然后班主任找我说了这件事情。昨天回家后，我跟她谈话并教育她，让她知错就改。今早我跟她说到校后好好表现，她却说送我您写的《我爹是个段子手》里的一句话：如果缺点轻易就能改掉，我们还要那么长的人生干什么？我被怼得到现在都难以释怀，所以来请教您该怎么办，麻烦老师再送我一个金句，让我醍醐灌顶、豁然开朗一下。

答：你告诉女儿：缺点就像女孩子脸上的雀斑，多了，人就不好看了。

06

问：林教授，下午好！想了很久还是忍不住向您请教：您如何看待××英语的"爆雷"事件？我就是此次事件的受害者之一，花了三万多元没上一节课，结果钱没了。我无法说服自己，真的很生气。

答：人生总会花钱买教训。不花在这里，就会花在其他地方。你现在花了三万多元买了这个教训，可以理解成这也避免了你在其他地方花五万元买其他教训。

从此以后，你要笑着说这件事，这样你的转运就开始了。

07

问：昨晚的直播课，您重点讲了《被讨厌的勇气》一书，勇气为何是"被讨厌的"而不是"被喜欢的"呢？

答：望文生义了。被讨厌的勇气，指的不是故意去惹别人讨厌，而是不必太在乎别人是否讨厌你。

那些有勇气做自己的人，才能获得心灵的真正自由，所以你必须看轻别人的评价，无论那是喜欢还是讨厌。

08

问：我很努力、很忙，但觉得自己都在为别人而忙。我觉得自己没有聚焦点，碌碌无为，总在浪费时间，总在自责，怎么办？

答：不必在乎怀疑自我的感觉。有自省精神的人总会怀疑自己的正确性，但从来不会因为怀疑而停止前进的脚步。

人生前行的路会越走越清晰，总有一天我们都会活出写满答案的人生。

09

问：一个人如果以前很好，现在变得很坏，是他本来就坏，还是只对特定的人坏？

答：苹果树一定会结出苹果，而不会结出橘子，无论它如何伪装。人的真实本性恒定不变，如果你觉得某人变了，那是你以前和现在观察的角度不同而已。

10

问：为什么有些人喜欢骗别人，而有些人喜欢骗自己？

答：年轻人喜欢骗别人，中年人更愿意骗自己。过好一生不容易，有些人得不断骗自己明天会更好，这样才有勇气走下去。

11

问：老师，为何有时我会莫名其妙地烦恼？

答：烦恼的根源来自纠结，而纠结属于人格紊乱的一种表征。

如果你时常感到抑郁、烦恼、焦虑或者莫名的愤怒，很可能是你善良得不够纯粹，或者普通得不够彻底。

12

问：林老师下午好，想请教一个问题：面对生病中的父母，儿女应如何做才能够心安，或者如何陪伴他们度过生命中的最后时光，使其更有意义？

答：当你认识到生老病死是人生的必然，而且你能接受这种必然，相信生命是无穷尽的循环时，执念的痛苦就会消失——生命是大海，今生只是浪花。

跟某些人有缘今生成为亲人，已是彼此此生最大的意义。

请记住天文学家卡尔·萨根在《宇宙》一书中写的题记："在广袤的空间与无限的时间中，能与你共享同一颗行星和同一段时光，已是我莫大的荣幸。"

好好陪伴他们吧，用真心，用耐心，用爱心。

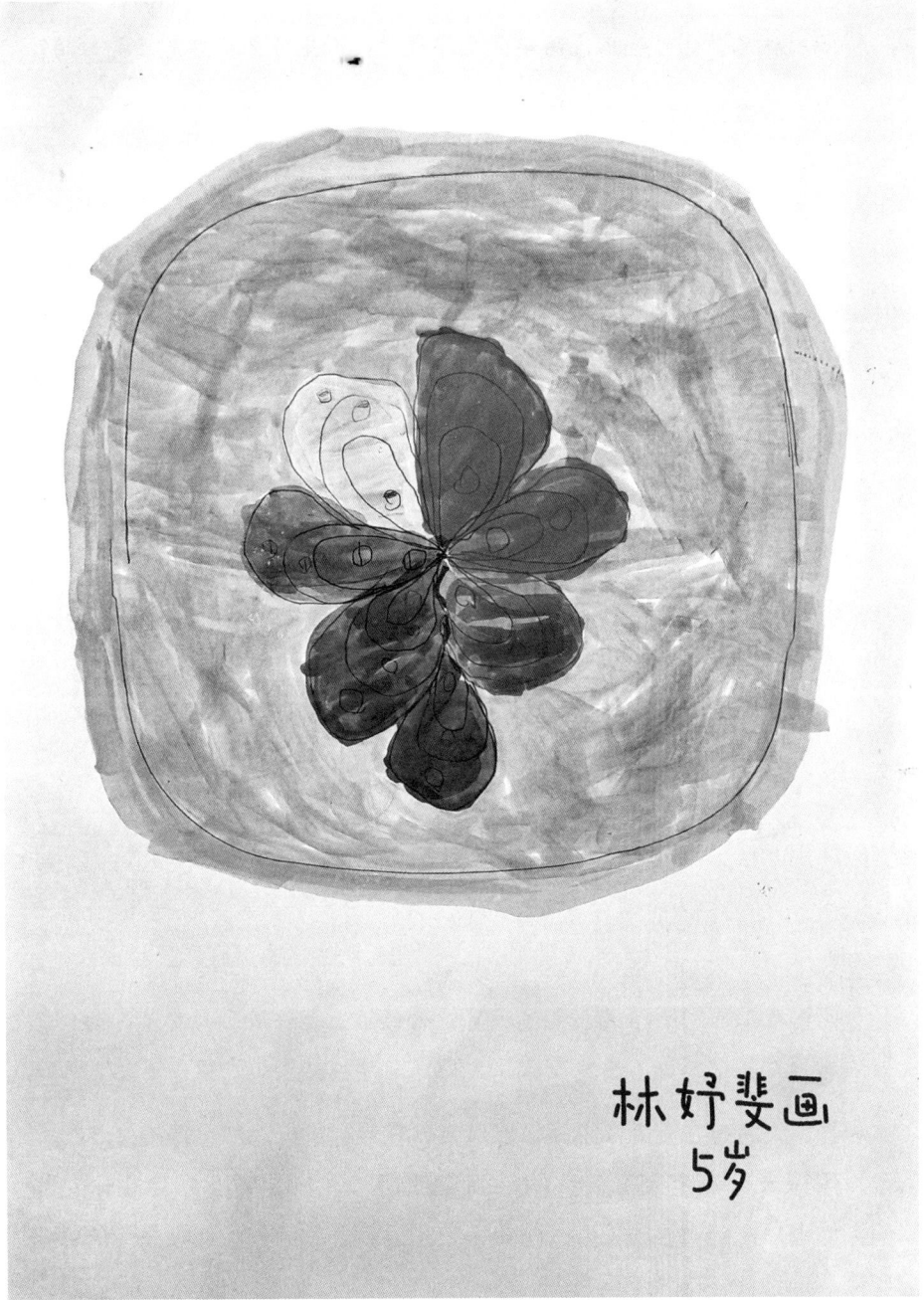

林好斐画
5岁

一花一世界　一叶一菩提

13

问：林兄，你可否用最简单的文字说说：人生什么状态是最美妙的？

答：**静坐将茶试，闲适把书翻。**

静坐将茶试，闲适把书翻

14

问：我上周刚刚结婚，娶了我喜欢的姑娘，也住进了新房子。为何我一边感到幸福，一边又感觉有点焦虑呢？老师，麻烦帮我解一下惑。

答：**人总是在接近幸福时倍感幸福，在幸福进行时却患得患失。**

焦虑来自一个人习惯性的不确定性情绪。这说明，即使在未结婚前，你也是这样明显的矛盾性格——快乐时就开始悲伤。纠结是你的性格底色。

从明天开始，告诉自己：不要追求幸福，而要幸福地追求，享受当下的每一刻吧。

15

问：林老师，这么多年来您觉得自己的人生最高光时刻是什么时候？

答：毕业那年，我住在中大北门旁边的一套独立寓所。我买了一套高品质音响、一面墙的书，这足以让小窝成为朋友们的客厅——我把钥匙放在门楣上，任何朋友有需要都可以执钥而进。

要来，无须声明。要走，无须告别。冰箱里都是好吃的，有人会自发装满；客厅经常被打扫干净，因为有人看不惯脏乱。

那是一种奇特的默契，浪漫又亲密，是一种特定年纪才有的同舟共济的乌托邦。每个人都活得无比坦诚与透明。直到今天，我依然觉得那是我的人生最高光时刻：透亮如星，皎洁如月。

16

问：林老师，我儿子18岁，很胆怯，从小缺乏自信，我想这个暑假让他去实习，但不知道做什么工作最能提高自信。

答：让他去加油站做暑期工，每天都会有人对他说："小弟，加油。"不到一个月，他就会对人生充满信心。

17

问：我去年查出中度焦虑、轻度抑郁，吃了3个月左右的药，后来不用吃药了，身体基本正常。这一两个月我又偶尔会有焦虑的感觉，基本上还能调节过来，但会比别人敏感、多疑。我看您每天都很快乐，而且性格乐观、幽默，我要怎么做才能跟您一样？我觉得您很有力量，每天看您的朋友圈，给了我很多力量，谢谢您。

答：不必学任何人，更不必羡慕任何人，你看到那些貌似很好的人，大多是人设的需要。用真实的态度，做真实的自己，过真实的人生，就是一生最好的追求。

焦虑症属于神经症，不是脏器病变，简单理解就是身体没病，但心病了，需要及时调整生活态度。

治疗焦虑症的最好方法就是让生活多些松弛感。偶尔迟到，不必自责。面对批评，微笑接受。遭遇挫折，安慰自己。让自己紧绷的情绪松弛下来，让步步紧逼的焦虑随风而去。

今天试试把你日日如是的西装革履脱了，换上拖鞋、短裤、大背心，见朋友、见亲人、见陌生人，在一众惊讶的目光中，你会忽然发现，无比舒适的松弛感铺天盖地而来。

18

问：林教授您好，最好的闺蜜拿出所有的家当投资股票，近期亏损接近百万，现在进退两难，痛不欲生，悔不当初。请您指教一下，我可以怎样安慰开导她？

答：有人曾丢失了一个价值几十万元的劳力士手表，一再为自己的粗心而懊恼。

忽然遭受损失，任谁也懊恼，但你更要相信，万物来去自有其时间轴线，只是被情绪控制的我们并不能看穿这一点。

没有东西会丢失，只是换了一种方式而已。正如电影《狮子王》的台词："我们活着的时候以羚羊为食，我们死后会化为泥土，泥土滋养草，而羚羊以食草为生，也就是说羚羊最终也会吃掉我们。"

生命都存在着某种微妙的平衡。如果你的闺蜜是生意人，在股市亏掉的钱，或许正在帮她培养潜在的客户群。如果闺蜜只是家庭主妇，她亏掉的钱，或许能让她与家人平安、快乐、健康。

如果闺蜜听懂了这段话，她便能重新振作起来。

第八章

追问是一种热爱的姿态

生活的悲欢离合远在地平线之外

#问答林景新#

巴布亚新几内亚的土著在欢聚之后有一个特别的仪式：热热闹闹的聚会结束，当客人们离开后，面对空荡荡的寂静，他们会在家里放置一碗水，吸走"人去心空"的失落感。

他们相信，越开心的欢聚后散场，越会带来压力与负能量。所以欢聚后须在家里放置一碗清水一夜，第二天清晨时，再把水洒出门口，这样"人去心空"的失落感就会消失，心的能量就会恢复。

我不相信水能吸走负能量，但我相信仪式感能带来心的能量。

生活的悲欢离合永远无法被看清，但追问是一种热爱的姿态。

01

问：林老师，我的领导们不断地想把焦虑传递给我，可是我不想焦虑，内心也只是紧张，还达不到焦虑的程度，我该如何是好？看不到我焦虑，他们更焦虑。

答：他狂由他狂，明月照大江。他横任他横，清风拂山冈。

02

问：林教授，请问怎样才能放下一个明知不可能在一起却又很难忘记的人？

答：有一次，我去一家湖南菜馆吃饭，菜太辣，我吃不下。服务员温柔地说："先生，您出去散步，半个小时后再回来，您就吃得下了。"我很惊讶地问："过半个小时，菜就会不辣吗？"服务员说："时间能冲淡一切。"

许多人和事，你曾经以为放不下。过了一段时间，你才发现根本想不起了。没有什么美好能抵挡住遗忘，没有什么悲伤能抵挡住时间。

实在忘不了某人，就临睡前自己倒一杯酒，一口敬过去的，一口敬过不去的。

一口敬过去的，一口敬过不去的

03

问：林老师，年轻人到底应该怎样取舍？是健康还是奋斗，是探索还是坚守，是做想做的事还是做应该做的事？

答：你的问题不对。人生不是如何取舍，而是学会如何调和：调和理想与现实，调和工作与生活，调和自我与群体。**与己和，与彼和，与世间万物和，就是我们的最终使命。**

你之所以认为人生是一个取舍的过程，是因为你的内心存在强烈的比较心。有了比较心，你就会在看待一切时产生非此即彼、有他无我这种强烈对立的观念。

如果你能真实观照自我，你就会发现，真实的人从来不用面对选择，他们的人生道路明明白白地摆在面前：做好每一件事，遵循内心的旨意。以真实的心，过真实的一生，人生的结局必然如你所愿。

人生不过一碗饭，悲欣不过一念间。

04

问：林老师早上好，每天看您的文字总能感受到一种力量，您真的是智者，谢谢您的分享。可以请您帮忙答个疑解个惑吗？因为工作的调整，我突然间多了很多压力，有业务的压力，有合作方的压力，有领导的压力，都堆积在一起。其中也有很多委屈和无奈。我本来没那么在意，可最近发现自己越来越在意了，不知道如何让自己不急不躁，如何让内心平静。

答：我认识一个在街头摆摊煮面食的50多岁的大叔，他的太太多年瘫痪不起，他一个人操持一切。每晚出摊，大叔一边谋生，一边监督在路边写作业的孩子。收摊后，他背着睡着的孩子回家去，然后照顾太太，收拾家务。我问他："你压力好大，累吗？"他摆摆手，笑着说："不！摆摊煮面食，是我喜欢的。看孩子在灯下写作业，是我喜欢的。照顾好太太，看着她欣慰的笑容，也是我喜欢的。"

做一件事只要心甘情愿，一切就简单了。不是压力让你的内心无法平静，而是你对人、对事、对生活不够热爱，才让你烦恼丛生。

一个人只要热爱工作，积极爱人，人生的一切问题就不再是问题。

05

问：景新老师，一个人要怎样努力，才能过有意义的一生？

答：年轻时，我们幻想自己是屠龙的英雄；随着年岁的增长，我们变得现实，只想要说走就走的世界旅行；再后来，我们的人生梦想是在城市中心买一间顶层公寓。

人到中年，我们才发现做不了英雄，自己的家就在一栋普通的单元楼里。我们能做的就是把眼前的事做好，赚到足够的钱。这样就可以给喜欢的姑娘买一个地球仪，然后用飞镖扎它，扎到哪儿，就去哪儿玩。

把每件小事做好，把每一天过好，把身边每个人照顾好，把每餐饭吃好，你想要的一切，就会向你飞奔而来。这就是有意义的一生。

06

问：林老师，如果被陌生人欺负，我该怎么办？譬如有一次我的车被另一辆车变道的时候刮到，结果那个车主很凶，还要动手，好好说话都不行。我感觉社会上有的人戾气很重。假如您遇到这种事情，您会怎么应对？

答：梦里骂他，醒了忘记他。

07

问：林老师，前天看了您的朋友圈，解释一个宝宝名字的寓意，很赞呢！不知能否给小儿名字赋能呢？我的孩子取名温煜立。当时因为外公说孩子五行缺火，所以就找了属性是火的字组合起来，觉得字形也不错（双日双立），但没能想到更多寓意。如果可以的话，麻烦老师了，您有空再帮忙，谢谢！

答：昱，是煜的本字，表示太阳升起，日光照耀。煜立就是高举火把的人，意为引路人、领导者。

海子有诗写道：万人都要将火熄灭／我一人独将此火高高举起／此火为大／开花落英于神圣的祖国／和所有以梦为马的诗人一样／我借此火得度一生的茫茫黑夜。

你的孩子前途无量。

08

问：林老师，我想在教师群体里找一位结婚对象：①身高1.58～1.65米，体重45～52公斤。②籍贯：广州。③年龄：25岁至29岁。④本科以上学历。

您觉得我这个标准定得合适吗？您当年的择偶标准是什么？

答：你是高质量男士，所以你的择偶要求就像挑高档房产一样，看起来合理，但并不合情……像我这种人，当年的择偶条件只有一条：求你了。

09

问：林教授，向您请教一个问题，望能解惑：对于当代青年莫名浮躁的现状，您怎么看？如何能够缓解？

答：浮躁就如青春痘，时间到了冒起，时间到了自然消失。

对于有些症状，时间就是解药。

10

问：林老师，我明年毕业，想选择一份自由的工作。您觉得什么工作最自由？

答：从事自己喜欢的工作就是自由。自由不是没有条规约束，而是心的欢喜绽放。当一个人从事自己喜欢的工作时，时间流逝就会消失，空间限制就会消失，剩下的只有欢喜与享受，内心宁静和精神舒展就是最大的自由。

11

问：林老师，我爱上了一个不该爱上的人，我们不会有结果。我们在一起9个月了，经常吵架，但断不了、放不下，我很苦恼，应该怎么办呢？

答：在一段两性关系中，其实每个人都是在爱自己。你之所以与爱的人产生矛盾，是因为你纠结的个性。其实你的内心无法接受一个完整的自己，你甚至不了解自己的另一面。

如果一个人无法发现真实的自己，无法做真实的自己，就无法与任何人圆融。这与关系状态无关，只与不真实的个性相关。

建议你暂时放下这些纠结，花一点时间，用行走、用静思，发现真实的自己，了解真实的自己，矛盾自然就会化解。

12

问：林老师，请问生命的意义是什么？大家都在忙，但最终什么都没有，好像都有自己的轨迹，可是到最后不都是一场空？

答：当你行走，意义就在行走中。当你写作，意义就在写作中。意义不是目标，而是意识在内心的绽放。任何事情在你感受到快乐的一刹那，就有了意义。

不要只埋头走路，你要多抬头看看蔚蓝的天空。天空一无所有，却能给人安慰。

13

问：请教您一个问题：我在职场中被直属领导非常不公平地对待，黑白颠倒，可能是因为我对他的地位造成了威胁。活儿都是我干的，结果不被认可，反而被抹黑，还抹黑到逼人走那种地步，上面的大领导又没时间了解清楚我的状况。面对这种情况，我该如何处理？如何平衡自己的心态？

答：是的！难难难！我研究心理学数十年，最终发现平静心态最有效的方式还是吃吃喝喝。祝你开心哈！

14

问：林老师，我去年上过您的积极心理学课，学到了很多有用的知识。今天我想请教一个问题：父母可不可以把孩子当成无话不谈的知己？如果我有心事，是跟朋友倾诉好，还是跟孩子说好？我的孩子快20岁了。

答：父母不要把子女当成无话不谈的知己。

导致人生不幸福的根源之一就是人与人之间的界限被模糊化。有些人社交能力缺失，导致没有知己，所以一旦心里有哀愁，就会向子女寻求慰藉。

当亲子间的界限崩塌时，就会导致羁绊。父母在孩子面前倾吐痛苦与愤怒，孩子就不得不扮演父母的心腹或知己，这会严重损耗孩子成长所需的情绪、精力和安全感，会令他们变得压抑、焦虑，对长大充满怀疑。

如果你想快乐，你需要一大群可以一起狂欢的朋友。如果你想幸福，你只需要一两个可以倾诉的知己。但请记得，孩子就是孩子，不是你可倾诉的知己。

15

问：老师，请教一件事情：我儿子9岁，目前读三年级，不爱阅读，有什么好的方法可以培养阅读兴趣吗？每天晚上我都读书给他听，读了几本了，可这些书他一个字也不看。除了军事装备相关书籍，其他书他一概不看。他看书少，所以阅读能力和写作能力弱。

答：在孩子成长过程中，以教为学是一种有效的教育诱导方式。每次孩子看完军事书，你可以鼓励他用讲的方式来分享，并给予相应的奖励，让他获得自我阅读的成就感，继而引导他扩大知识面，慢慢地他就会阅读其他方面的书籍。

学习的方式不能单一化，不要把阅读视为进步的唯一途径。带他看电影，听讲座和音乐会，丰富的文化生活会慢慢激发一个孩子自我追求知识的动力。

动力形成，习惯养成，人生的路就会开始定型。

16

问：林老师好，打扰您了，我有一个困惑：我爱人是公务员，工作十分繁忙，几乎每天加班到半夜，周末也很少休息。他这种节奏不仅不利于家庭生活，对他自己的身体也有很大影响。但他不以为然，一心想进步。这些年我们曾多次沟通无果，我不仅无法理解他的忙碌，更觉得这不是我想过的日子。他没什么缺点，但是我感觉跟他在一起生活不幸福，最起码不是我的理想生活。如果说离婚吧，他除了工作忙碌也没有别的缺点，所以很难找出离婚理由，但我觉得这样的生活实在没劲。我该怎么办？

答：一个人的关注点在哪儿，他的幸福与痛苦就在哪儿。你先生的关注点在工作，他的幸福感就在那儿。你的关注点在他没照顾家庭，你的痛苦点就在那儿。你的烦恼不过是千千万万普通夫妻的普通烦恼，不必因此怀疑婚姻的价值。

去调整你的关注点，多注意先生的工作成就，肯定他的努力，而不是他在家庭中的缺位，你对他恰到好处的赞美，一定会让他惊喜不已；同时也有意引导先生的关注点，比如创造更有仪式感的家庭生活，策划期待已久的家庭旅行。

忙碌不是幸福的绊脚石，正如问题不是矛盾的敌人，只要心在，就没有问题不能化解。从明天开始，你试试每天真诚地赞美他的工作表现，关心他的工作进步，渐渐地，这个男人会因自己被关心、自己付出不够而惭愧。惭愧就是改变的起点。

下次当你们因为照顾家庭的问题而争吵时，一定要记得：不是你在对抗他，而是你们在对抗问题。

想通了以上这一点，你就掌握了幸福生活的密码。

17

问：林老师，为何我感觉自己读无所成？要如何将读过的书转化为自身的潜能？谢谢！

答：上面的问题都不是问题。你不需要怀疑持续学习带来的改变。书一本本读下去，思考一点点积累下去，努力一寸寸精进下去，你的能力表现貌似依然波澜不惊，可是有一天，有个人会忽然郑重地对你说："您是我敬爱的人。"

这时你会意识到，在你默默读书积累时，人生的一切就已经开始不同了。

18

问：林老师，我和妻子在孩子教育方式上有差异，她强硬我温软，常常闹矛盾，为此我苦闷不已。读初二的孩子不听话，也让我痛苦。我要如何做才能摆脱痛苦？

答：只要你活得够久，你就会发现人生的痛苦无穷无尽。孩子教育、夫妻相处、工作问题，哪样不是痛苦的根源？

我们无法逃避痛苦之事，但可以培育在痛苦中安住的心。接受痛苦是人生的一部分，也可以是幸福的一部分。用恰当的方法克服痛苦，幸福的感觉就会油然而生。

你要让自己的心学会安住。在痛苦中安住，在烦恼中安住，在喜悦中安住。

博大的心就像无垠的天空，乌云只是偶过，宁静才是永恒。

第九章

用一生的所有，换取一个与苏格拉底相处的午后

智慧地活着，就是人生的意义

#问答林景新#

有个男人没有朋友，也找不到愿意倾听他思想的人。于是，他进入一个有大猩猩的房间，向它解释自己的想法是什么。那只大猩猩只是坐在那里吃它的香蕉，什么反应都没有。但这个男人说完后，却变得更聪明了。

一个人在讲述或者提问时，所有的灵感都将被激发出来，智慧的状态将会来临。在苏格拉底的时代，人们热衷于在广场上对真理、人生、存在、政治进行辩论，一个智慧迸发的西方文明时代就此诞生了。

对话不一定是为了求取答案，更重要的是为了引发自我思考。我在朋友圈推出"#问答林景新#"，每天都有不同朋友向我提问，这些问题五花八门，我的回答也是天马行空。但在一问一答之中，作为提问者的你与回答者的我，正如那个试图向大猩猩解释想法的男人一样，都获得了智慧的加持。智慧地活着，就是人生的意义。

乔布斯曾说："我愿意用我所有的科技去换取和苏格拉底相处的一个下午。"某一个午后，你在树下深入思考，阳光洒在大地上，世界凝固成远处的一点，你感觉不到风吹，听不到声响，但思考的咆哮却在内心轰声如雷，此刻你抬头，或许会看到苏格拉底的微笑无处不在。

青春只是人生一瞬，然而瞬间胜却全部；智慧只是思想一闪，电光石火却照出永恒。

01

问：我与某人认识10年了，对方不喜欢我，拒绝过我，现在我们都人到中年了，他却开始跟我示好……一个曾经嫌弃我的人，现在回头找我，您怎么看？我要接受这个男人吗？

答：一个男生以前嫌弃一个女生，10年后也不会喜欢的。

我是男人，最懂男人心。

他现在如果跟你示好，更大的可能是在试探已经人到中年的他在你那里还有没有魅力，这是另一种嫌弃。

对嫌弃你的人，千万不要存有任何幻想。

你要努力成为一个更好的自己，这是对曾经的嫌弃最好的反击。

02

问：我今年读初三，是一个足球爱好者，从小在一家足球俱乐部里训练，和我同一批的师兄们刚好比我大一岁，今年学习任务繁重，无法过来训练，所以现在俱乐部没有跟我同龄的人。之前因为某些原因，停训了一段时间，我养成了懒惰的习惯。我父母非常反感我的这种行为，我能听懂每次我不去训练时他们语气中的叹息，我的内心非常自责。我觉得自己真的不能再这样下去了，太颓废了，学习方面也时常这样。您可以帮助我吗？

答：同学你好！你很有自省精神，就是自我的坚持力不够。要改变这一点，你可以每天公布训练计划，让你的朋友监督。如果你完成了，就让父母给你一点奖励，我相信他们是愿意的。如果你做不到，就自我严肃惩罚。

把自己的行为透明化，让朋友们都成为监督员，你就有足够动力了。就像我写的这个#问答林景新#一样，不是我有足够的知识回答所有的问题，而是每天被各种问题逼上梁山，不断有人问，我就得不断答。

有时我们成就了一件事，不一定是因为天生有才华，而是被逼出来的。

逼自己一把吧，要不你怎么会知道自己原来很厉害呢？

03

问：老师，我暗恋一个人，真的好苦。您是教心理学的，能否告诉我，暗恋除了苦，有正面的好处吗？

答：有！相比其他恋，暗恋最省钱。

04

问：林老师您好，有一件事情想请教一下：有一个长得好看、嘴巴挺厉害的女同学，可能之前我说了什么话让她不高兴，后来每次同学聚会她都拿我来"开涮"，她高兴了，我却只能一笑置之，埋头吃饭。但每次都如此，我心里不免有点不舒服，您说我该用什么态度面对这个牙尖嘴利的女同学呢？

答：朋友聚会时，有异性"开涮"我，如果她足够好看，会让我忘却她的"开涮"；但她"开涮"的程度，也会让我决定是否要忘记她的容貌。

不过你要记住，真正的好朋友是开得起玩笑的。我毒舌如蛇，你一笑而过。这就是真正的好朋友。

05

问：林教授您好！我最近和女儿一起收拾家里的东西，对于她以前的很多课本（从小学到高中）、随手涂鸦、作文、学生手册等，我都想留下来，而她觉得它们没什么用了可以扔掉，我们的意见分歧让我觉得她一点也不怀念我们以前的时光，真的是这样吗？还是说只有当妈妈的想怀念过去？随着时间的推移，她慢慢长大，我好像有点害怕她会离我越来越远，但同时又不想因为我而束缚了她。我这种矛盾心理正常吗？我该怎么做？

答：时光会变色，孩子会离家，相聚的人会慢慢走向分离，这是人生的实相，我们必须记住这一点。

常怀念过去的人，更喜欢沉浸于幻想中。昂首向前的人，更喜欢追求未知的体验。这无所谓对错，也无关心理健康状态，只是各自对生活的一种表达而已。对生活，一千个人有一千种喜欢的表达方式。重要的是我们能认识实相、接受实相、生活在实相中。

鉴于你现在沉迷过去的执念，我建议你把旧的一切通通扔掉，跟孩子一起成长，拥抱未来，这样你更能活在当下。

06

问：林老师，请问您是会魔法吗？跟随您在线学习的这一年多时间里，我发现自己的生活状态发生了很大变化。我变得很爱学习、很爱运动、很爱工作，家里都是学习的氛围。我天天运动，收获了健美的身材；我努力工作，公司很顺利地挂牌成功了，营业额也比往年增长了几百万，虽然还是亏损的。不过，我们找到了亏损的原因，正在改善中。我的宝宝也收获了好成绩，从以前的倒数到现在班里名列前十，还当上了学习委员，拿回了很多奖状、奖牌、奖杯！您为什么有让人改变的魔力呢？

答：我容易把一些赞美当成人生的实相，就像花朵容易被蝴蝶带入春天的幻想……

不过，还是谢谢你的夸奖，希望新的一年我能继续传递好知识，帮你的公司赚钱，让你的身材更好，让你的孩子成绩更出色。

07

问：林老师您好！有幸在中大初创企业经营者班听过您的危机管理课，感觉您是一个很有智慧的人。在朋友圈看到您的智慧问答，我也有问题想咨询您。我弟弟现在读初三，今年6月参加广州中考，他各科基础知识还挺扎实，就是有一个坏习惯：答题的时候，容易把正确的看成错误的、把错误的看成正确的；对于有些会做的题，脑子里知道B是正确答案，最后却写|成了A，经常因此丢了很多分。想请教一下您，有什么方法能够帮助他矫正，或者他应该怎么做才能更好地改掉这个坏习惯，从而得到该有的分数？

答：这不是坏习惯，而是男生的天性啊……看到锅里的与吃到嘴里的往往不太一样。既然是天性，就没什么特效药可以纠正。当你弟再长大一些，思想成熟一点，一切就正常了。所谓的长大，就是身心合一。

08

问：我在公众场合讲话或遇到重要人物时比较容易紧张，应该如何克服？

答：刚谈恋爱时，女生看我一眼，我就会哆嗦。现在人到中年，我看女生，只会看到别人哆嗦。讲话跟谈恋爱一样，实践多了，脸皮就厚了，不需要刻意克服。

话说回来，我还是怀念以前女生看我一眼我就哆嗦的岁月，那时我没经验，但有真情。

以后你口若悬河时，也会怀念自己讲话紧张的曾经。因为那时，你是那么真实。

09

问：林老师，以前单身时，我常感到孤独。为何现在结婚了，夜深人静时我却感到孤独感更深？您可否送我一句智慧格言？

答：单身时孤独，是因为你不得不忍受寂寞；结婚后孤独，是因为你对他人有了依恋感。依恋感一旦产生，人就会变得孤独而不自知。

单身时感到寂寞，你会从阅读、静思、写作、锻炼等不需要他者的事物中获得能量。当对另一半产生依恋后，你就会对除这个依恋以外的事物不感兴趣，对周围原来可以带来能量的事物也越来越排斥。而你所依赖的人和关系，一旦没有达到你的期望，孤独感就会无可救药地把你包围。

让自己成为一个具有独立能量的人，这是过好这一生的关键。

新的一年，愿你：**群居不倚，独立不惧**。

10

问：林老师，我的孩子现在读小学六年级，您觉得以后他有必要出国读大学吗？

答：刚读大学时，我沉迷于萨特的虚无主义和尼采的激进主义，时常告诉自己，思想深刻的人完全没必要谈恋爱。后来，我遇到喜欢的姑娘，立即转变了主意——投身爱河比投身思考有趣得多。

成长需要开阔的视野，孩子如果有兴趣出国读大学，你可以帮他规划，但命运却总另有计划。许多事情不是由我们的意愿决定的，而是由因缘成熟与否决定的。现在不必去假设太多，走到分岔口，路就会自动呈现在脚下。真实对待自己内心的人，人生从来不存在选择，所以不必假设。

11

问： 林老师，昨天研究生考试放榜，我的孩子初试过线了，她现在担心面试，您可以给点研究生面试的指点不？谢谢！

答： 10年前，我曾见过一个女生，她从西宁来广州参加公共关系学研究生面试，她一见我们三个面试老师就主动打招呼。

在对谈的过程中，她总不经意地引用我们仨写过的某篇文章中的观点，而且对系里其他老师的研究方向与学术观点也了如指掌。她的本专业虽然不是公共关系学，但她对专业知识的理解非常到位。在面试的最后一刻，我才意识到：她不是聪明绝顶，而是非常用心。走进面试室之前，她熟读了所有的公共关系学教科书，登录了学院网站，查阅了所有公共关系学教师的名录与发表过的文章。

成功就是为这种人准备的。用心，就是机会的别名。

12

问： 林老师，您好！我最近在工作上碰到些困难，特别困惑，特来请教！我从专业技术岗位调到行政岗位，副职，刚开始工作时非常不适应，也存在一些不足，半年过去了，我的领导非常不满意（我们的性格也是南辕北辙）。现在他开始重新进行分工，逐渐把我负责的工作削减掉，我有种被边缘化的感觉。今天中午我犹豫了很久要不要和他把话讲开，又觉得不是时候。

说实话，我知道自己不太适合也没有适应行政工作，也知道不要期望别人等待我成长，现在感觉自己是骑虎难下……我的内心实在是不想继续待在现在的岗位上，但离开现在的岗位，又要面对很多舆论和猜测，对此您会怎么处理？

答：你在技术岗位待久了，思维已经形成惯性，一下子去了办公室，内心抵制情绪很强，导致一切工作开展不顺利，这跟领导与你是否性格合拍没有必然关系。

我建议你重新调整心态，从内心认可办公室工作也是有价值的。在工作中观察细节，调整一下旧的做法，然后真诚地跟领导面对面谈一下，让他指出你之前工作中的不足之处，以谦卑的心重新从职业第二个起点出发。

真正出色的人生，不是让所有人都理解你，而是在不被理解的情境下依然保持谦卑的心努力前行。

13

问：老师，为何付出真心却没有得到回报？我爱的人却不爱我？我感觉自己都快抑郁了……可否给我一点人生启示？

答：哲学认为，世界是一个圆，因果相承。所以你的说法不对，付出一定会有回报。你付出了真心，就果然得到了伤害。

千万别轻易觉得自己抑郁，有时只是你运气比较差而已。

三月春暖花开，忘了那个他吧，另一个他正在前来。

14

问：林老师您好，向您请教：读六年级的儿子总是闹着买手机，但我不能给他买，我该如何说服他呢？

答：如果班级里的大部分孩子都有，我建议给他买，这个年纪的孩子无法用精神升华来替代物质匮乏所带来的不平等心理和失落感。

当一个孩子对世界感到好奇时，他就会用各种方式去探索，比如玩手机、交友等。欲望从来都不是人生的问题，无法正确对待欲望才是问题。如果给孩子买了手机，就给他设定使用时间和使用要求，比如和成绩挂钩，积极鼓励他用努力去获得自己想要的。

把孩子源源不断的欲望转化为源源不断向上的动力，这就是教育的基本定律。

15

问：林老师，我有个苦恼的问题。每次回老家，好事的亲戚总喜欢问我：为何还不结婚，烦不胜烦！您是口才好的专家，教我一句话"噎死"这些好事者吧。

答：当年还没结婚时，过年亲戚就问我怎么还不结婚，我说："都是因为你！"

亲戚惊讶地说："关我什么事！"

我说："是啊，关你什么事？！"

16

问：不知道为什么，总有生无可恋的感觉，没有目标、没有方向，也许让自己变漂亮是我现在的方向……希望能得到老师的点拨，重新燃起对生活的向往。

答：我们生来柔弱，所以需要力量；我们生来迷茫，所以需要方向；我们生来愚顽，所以需要知识。这是每个人生下来就要面对的精神困境，也是每个人精神泅渡的最终指向。

无论你的头脑中升起什么感觉，都不必吃惊，更不必夸大，你并不比任何人更愚蠢或更可怜，世上的每个人都曾在同样的精神困境中浮沉。你要做的只有三点：一是宽厚待人，广结善缘，让自己拥有良好的亲密关系，亲密关系就是人间值得的精神力量；二是不断在工作中提升自我，提高思想的维度，用成就击溃迷茫；三是努力求知，以书为友，用知识融化心灵的愚顽。做好这三点，心情即使有浮沉，念头即使有起落，也不会影响你对人生的美好憧憬。

17

问：林老师，新年好，给您拜年啦！我是您的学生，最近一直关注您的朋友圈，看您发的一些经典感悟，看完后时常在想，您授课的时候是如何一直保持面带微笑与平和心态的呢？

答：你好。每次见到一个人，他总冲你微笑，很大可能是他喜欢你，或者他喜欢自己。上课时自己是否微笑，我并不知道，但一想到上完课就多了一笔课酬，我就忍不住笑了，强忍高兴却装出平静浅笑，江湖人称"佛系"微笑。

18

问：林老师，我想让我的大脑像哲学家一样思考，富有魅力和逻辑，可我发现自己的思维太零碎、太混乱了，该怎么办呢？

答：首先，你必须博学，博学是审问的开始，而审问是慎思的必需。其次，你要习惯思考，阅读不会让你思想深刻，思考才会。最后，你要凡事反过来想，比如天为何不是红的？只要习惯反过来想，深刻的思辨就开始了。

思辨是哲学家思考的基本思维，这是一个人观察、洞见与直觉三种能力合一的高阶表现。

思辨的出发点是质疑，质疑不是怀疑，而是努力看到更多可能。这说明，在生活和工作中，面对任何既定的答案，你必须一次又一次地追问自己：还有更多可能吗？

在多元的时代，我们最应担心的不是不知道答案，而是认为一切只有一个标准答案。在逻辑推理中，要有追寇入巢的精神，为了印证一个观点，穷尽思考，深入关联。

无穷的追问会带来精神的痛苦，但痛苦是哲学思想萌芽的开始。下次你妈妈喊你回家吃饭时，你就追问：为什么要回家？为什么要吃饭？为什么是我妈妈喊？以上追问如果没有把你整疯，恭喜你，你开始具备哲学家的逻辑思维了。

第十章

迷时师度，悟时自度

最善于向所有人学习的人，
就是最聪明的人

#问答林景新#

一个人在屋檐下避雨，看到一位禅师撑伞从雨中走过，于是喊道："禅师，度一下我吧，带我一程如何？"

禅师答道："我在雨中，你在檐下，檐下眼下无雨，你不需要我度。"

这人听罢，马上走出屋檐，站在雨中说："现在我也身在雨中了，你该度我了吧？"

禅师说："你我都在雨中。我不被雨淋，而你被雨淋，是因为我有伞而你没有。所以是伞度我，而不是我度你。你要被度，不要找我，请自己找把伞。"

迷时师度，悟时自度。每个人都亦师亦生。

犹太人认为，最善于向所有人学习的人，就是最聪明的人。你要在痛苦中学习，在快乐中学习；要向师长学习，也要向陌生人学习。

01

问：林教授，晚上好！请教一个问题：我老是埋头苦干，却得不到认同，要怎么走出这种怪圈？

答：职场中，最不应该有的心态是怀才不遇的怨艾。**怀才就跟怀孕一样，怀久了总会被人发现。**你觉得自己埋头苦干却不被认同，有两种可能：埋头，但你埋得不够深，没有真正创造价值；苦干，但你干的时间短，未能积累硕果。

不要浪费时间去怀疑、去怨艾，而要努力去发光、去创造，人生一切自会顺利。

02

问：林老师您好，有幸听过您的课，加了您的微信，每天看到您朋友圈发的知识思考，受益良多，感谢！我关注到一些官员贪污腐败，最后受到党纪国法惩处。他们是想贪、不得不贪，还是忘记了初心，不愿多为百姓做事？想听听您的观点和想法，可以吗？

答：人的行为都是对被压制欲望的补偿。按照这个逻辑，一个人生命中缺乏什么，就会炫耀什么或者疯狂追求什么。心理学有一个原则是"没有人能够以同样的方式对待你两次，除非得到你的默许"。这个原则可以解释有些人干违法之事是被迫还是自愿。我们无法洞悉每个人的行为动机，但可以预料行为背后的因果。即使是无外人知晓的坏的行为，也会在生命的底片中留下痕迹，比如半夜惊醒、心悸等。

我们可以怀疑一切，但绝对不要怀疑因果。

03

问：林老师，有个问题想请教您：我与一个男士认识快20年了，他在大学时喜欢过我，现在已经是两个孩子的爸爸了，当然我也一样。之前我们见了一面，他感觉又重新燃起了希望，经常会找我聊天，说家里的各种琐事，也跟我说过红颜知己之类的话。大学时我们给对方写过很多信，我不想破坏了这份美好，但是又不知道该怎么延续，进一步不妥，退一步又担心失去之前的友谊。我现在该怎么处理？

答： 我从你的文字中读到了你对他滚烫的感觉……潜意识，你想继续；理智上，你要停止。所以，当你潜意识上来时，就问问理智吧。

04

问： 林老师，我想请教一件事：我曾经努力爱上某个人，爱到了极致却得到了痛苦，因为过于痛苦，整个大脑都很难正常运作。想要自救，是否可以通过努力来忘掉这种爱的感觉？现在的我，连灵魂都是碎片，但又不得不以正常人的状态活在社会中。我总怀疑，爱情是上天拿来折磨人类的东西，聪明人不该接触这个。我的问题是：既然可以努力学习去爱一个人，那么是否也可以努力学习不去爱这个人？

答： 你的眼中只有一个人却看不到众生，只看到一片树叶却无视森林的存在。治愈失恋之伤很容易，只要让心恢复正常就可以了。

折磨人生的绝对不只是爱情。相比生命中许多悲惨的遭遇，爱情折磨人的程度之轻简直不值一提。

把每天的工作做好，把每一顿饭用心烹饪好，把窗台上的每一盆植物照料好，用真心对待遇到的每个人，你想忘记的一切，自然就会被抛诸脑后。

05

问： 母亲和我们同住多年，现在老婆说，女儿大了，要有独立房间，希望母亲回老家住，我很难开口，不知怎么做。母亲帮了我们很多，我怕她难以接受，毕竟老人的身体不太好。

答： 看到你的问题，我只有悲伤，没有答案。

06

问：我家儿子今年读初三了，但是有点胆小，或者说遇事比较胆怯，不敢在众人面前大胆表达自己的想法，请问有什么方法可以改变？

答：孩子的成长是一个过程，不需要太着急，家长与其埋怨孩子的缺点，不如耐心去观察孩子的特点。没有一个孩子有绝对的缺点与优点，只有不同的特点。用好其特点，就会变成优点。忽略其特点，就会变成缺点。当然，家长能够创造一些机会帮助孩子成长就更好了，比如报读一些训练营或者让孩子多参加大人的交流活动，都是有用的。

孩子胆小，不敢当众讲话，根本原因还是缺乏自信。家长要发现孩子的专长，帮助其发挥专长，让孩子从肯定中获得自信，从自信中获得能力。

07

问：我想请教一下，怎样处理婆媳关系？现在年轻的妈妈都比较注重科学教养，自从有了小孩之后，家里的矛盾和问题就处处显露，我作为儿子，又是丈夫，该怎样协调比较好？

答：割裂人们关系的因素通常不是对某些问题的看法不同，而是彼此还不够了解与包容。纵观所有的人际关系，你会发现，矛盾是普遍存在的，所以不必放大婆媳关系中的对立面。

从调解的根本来说，你最重要的不是说服谁听谁的，而是想办法促进婆媳关系的良好发展。比如让习惯晚起的媳妇每周早起一次，给婆婆煮早餐，引导婆婆主动关心媳妇。如果她们俩都不愿意主动做这些事，你就以她们的身份去做，并把功劳巧妙地引导到她们头上。

当爱与尊重在人们的内心滋生时，一切问题都将不再是问题。

08

问：我在职场上吃了"死猫"，但是领导并不关心过程，只在意结果。我自问工作也是尽心尽力，但因为负责的工作是吃力不讨好那种，被甩锅的事情时有发生，我还应该相信"日久见人心"吗？

答：寒山问曰："世间有人谤我、欺我、辱我、笑我、轻我、贱我、恶我、骗我，该如何处之乎？"

拾得答曰："只需忍他、让他、由他、避他、耐他、敬他、不要理他，再待几年，你且看他。"

09

问：林教授，我家小孩申博顺利进入中大和北师大面试了，请问面试有没有特别要注意的事项？

答：作为父母，如果你没当过博导也不是教授、高级知识分子，甚至没读过重点大学，那么这方面你的人生经验价值约等于零。当孩子要考研、读博、越洋留学时，你不必想着要给孩子所谓的意见，因为你的话根本没有说服力，他们也不需要父母的意见。

你唯一要做的就是引导孩子心态阳光，给孩子炖鸡汤补补身体。其他的不要多说，多说多错，更不要去网上咨询所谓的专家，容易被带偏，还容易被骗钱。

10

问：林教授，去年听过您的一场讲座，后来一直关注您的朋友圈，给了迷茫的我不少慰藉。我是一个在国企上班的平庸小职员，在同一个岗位工作了十几年。从入职开始我就比其他同事升职慢，我归结为一半因为机遇、一半因为性格。我并不是一个对事业很有追求的人，但是看着一些比我年轻很多和一些没有我努力的人轻轻松松地走上管理岗位，难免有些沮丧，还有些没面子。我该彻底"躺平"吗？

答：有人25岁，一毕业就失业了；有人25岁就腰缠万贯，却在50岁去世；有人半生失意，50岁却飞黄腾达。活在世上，每个人都有属于自己的人生节奏。

你想通了这一点，就获得了通向幸福人生的路标。一生都要与他人相比，这注定是悲剧的命运。积极心理学对幸福有这样的描述："真实的幸福，源于生活中发挥自己的优势与弘扬自身的美德。"这说明，一个人如果从来都是"躺平"的状态，不知道何谓自己的特长，也未曾发挥过特长，那么他就不可能强烈地体会到真实的幸福。

综上所述，你要努力，但不必与他人相比。人生真正的成功不是胜过他人，而是优于过去的自己。

11

问：老师，我是重度抑郁症患者，我觉得抑郁症唯一的治愈方法只有死亡。我刚刚驱车前往我们这里最高的桥上，张开双臂，幻想像纸飞机一样飘落，但我还是放心不下我的孩子，便又从围栏边上退了回来。其实我有着强烈的病耻感，若不是想自救，断然不会求助。"冰冻三尺，非一日之寒"，我都不知道自己能不能扛过去。多次打扰您，我惭愧万分，无论如何，您都是透过我的无限黑暗世界的一点光亮，请接受一个陌生人的再次感谢！

答：在过去三年中，在通过#问答林景新#向我提问的人中，你的文笔是最好的：流畅无比，把痛苦描述得令人产生极强的共鸣。

对于普通人来说，痛苦是人生的折磨。对于写作者来说，痛苦是创作的灵感。歌德因为失恋而痛苦万分，但他忍着痛苦，并将其化为灵感，写就了《少年维特的烦恼》。此书出版之后，治愈了歌德。

此刻或许没有人能分担你的痛苦，但恳请你不要浪费自己的写作天分，不要浪费尖锐痛苦带来的灵感，请你按下那些可怕的念头，转而去写作，把痛苦酣畅淋漓地写出来，你的描述或许可以拯救许多和你有一样经历的人，这是功德无量之事。

你是一个勇敢的人，你敢于诉说，请继续敢于书写。

12

问：林老师好！请问一下，孩子与奶奶吵架，我作为母亲该怎么处理？是要当面批评教育孩子吗？我认为孩子也没错。事情是这样的：奶奶经常没有问过家里人，就把家里的东西拿出来送人或当垃圾扔了。她认为家里的东西太多，她用不上就是没用的。今天还把我种的花连同花瓶扔了出去，说阳台种那么多花招蚊子。然后把我儿子的玩具全部扔了，说放得家里到处都是。我女儿发现了就去跟奶奶说了，叫她不要随便扔妈妈和弟弟的东西，扔之前要先问一下。就这样她们吵起来了，当时我还在房间睡觉。我听见奶奶在与我女儿吵架的同时也在责怪我没有教育好女儿，认为一定是我教女儿这么跟长辈吵架的。奶奶还说房子是她出钱买的，她想怎样就怎样，然后我女儿说家里装修是妈妈出钱的、东西都是妈妈买的，吵得不可开交……

答：在教授心理学课程的这些年中，我常教给学生一句对治烦恼的强有力的话语："没什么大不了的。"

烦恼就像打土拨鼠的游戏机，你敲下一只，另外一只就会冒头。刚消除了此烦恼，彼烦恼就会浮起，无穷无尽。要习惯跟烦恼共存，敞开心扉接纳那些不如意，用善意而非恶意的态度看待这一切。

如果用"没什么大不了的"这种心态看待事情，烦心事也有了积极的意义。

多少孤独的人无比羡慕一大家子人的生活，即使吵架，也是福报的声音。有些问题，谁也不会有答案，只能调整心态。

13

问：老师，如果一个人送人礼物被嫌弃了，该怎么办？

答：念书时，我曾向班里一个女生表达好感，她白了我一眼，不置可否。多年后的一天，她忽然发来信息，说谢谢当年我跟她表达好感，因为后来她向别人表达爱意也被拒绝，这令她一度深刻怀疑自己，甚至对生活失去信心，但一想到多年前我对她的喜欢，她就觉得自己并不差，因此获得继续前行的勇气。

我们向别人释放爱意时，就是传递无垢的善意，这一刻善果就已种下，至于对方表现出欢喜还是厌恶、接受还是拒绝，这并不能磨损我们发自内心的爱意。表达爱意如此，送礼物亦如此。多在乎你的内心，别太在乎别人的态度。

心清净，人无忧。

14

问：林教授，我上过您的危机管理线下课，买了很多您的著作，也一直留意您的朋友圈。我想请教您一个关于危机的问题。我今年40岁，毕业后一直在事业单位工作，一路顺利走到领导岗位，工作压力很大，妻子也因为我对其不够关爱，对我产生怨恨，我们已接近离婚边缘。分析原因是领导岗位使我变得固执己见、独断专行，不关心妻儿。我现在处于工作和家庭不顺的境况，妻子说要离婚，让我准备好离婚协议书，我准备好了，她又有挽留之意。我很迷茫！目前我有财务自由的条件，是否应该辞职换一份工作？林教授能否给个指引？

答：你好。当人生的困境来临时，就是我们反观内心的最好时刻。生活一切顺利时，喜悦有时会蒙蔽双眼，我们会忽略本该重视的东西，比如耐心讲话、安心陪伴。现在生活出现裂痕，就是提醒你到了必须反思与弥补裂痕的时候。

太太提出离婚，有时只是一个表达不满、渴望你重视她的信号，并不代表她真实的意图，我认为你应该撤回协议书，好好陪伴妻儿，好好过一下高质量的家庭生活，利用这段时间去思考人生之路的选择。

家庭和谐了，家人支持了，你无论从事什么工作都能获得信心的加持，这是事业成功的原动力。所以当下你要选择的是稳定家庭，而不是考虑事业。

当家是温暖的，人生的前行就会充满勇气；当永远有一盏灯在身后等候你时，那灯光就是你事业的指路明灯。

祝你好运。

家是事业的指路明灯

15

问：我是一名普通的中学老师，年前得了甲状腺癌，术后坚持吃药，通常没有生命危险。我一直对单位和同事们保密，如果跟学校报备，可以拿到几千块的住院和保险补助，但领导们肯定会知道。我内心非常不想让同事们知道，我不想应对他们的问询和关心。家里人虽然说让我自己决定，但我觉得他们想要我去申请这笔钱。这种情况我该怎么办呢？

答：20岁时，你做任何事情总担心别人的看法；30岁时，你开始觉得不必那么在乎别人的看法；60岁时，你决定再也不理会别人的看法。那一刻你才发现，别人从来都没有看过你。

当你纠结于一个决定时，请观照自己的内心，倾听内心真实的想法。

如果你告诉学校关于你患病之事，是愿意无畏分享自己的人生遭遇，向同事们传递自己的积极心态，你就应该告知；如果你不告诉学校，是希望把学校有限的资源留给比你更需要帮助的其他人，你就保持沉默。

太在乎外界的看法是人生的灾难。甲状腺疾病是情绪病，你更需要放下内心的纠结。把利他之心放入心念，纠结便会随风而散。祝你早日康复。

16

问：林老师，请教一下：我小宝自从出生后便由我妈来带，我夫人感觉失去存在感，丈母娘也会经常对比我妈跟她带大宝的差距，两边对立得比较严重，有什么好的解决办法吗？

答：人之所以会痛苦，是因为无视自己的幸福，而放大了自我的烦恼。你有在乎你的夫人，有两个孩子，还有两个帮忙照顾的母亲，有多少男人看到你的现状会妒忌到流泪。好好对两个妈好，用真心，用真诚，用无差别的尊敬和爱。你要珍惜现在遇到的这一点点烦恼，因为这是幸福的烦恼。

17

问：林老师，我的前任有新女朋友了，但我依然放不下他，我是真的爱他，而且我感觉他还是爱我的……我的工作在稳步前进，我的外在条件也越来越好，我的其他方面都在不断变好，唯有对他的喜欢一直停留在原地。我该如何放手，重新寻找属于我的幸福？

答：人生有许多顽固的错觉。

当你认识到你所执念的爱不过是一种错觉，你就会开始走向觉醒。

今晚月色皎洁，某个男人正拉着新欢的手，走在洋溢着花香的公园里，虔诚地看着女朋友说："亲爱的，我没有前任，只有你是我的唯一噢。"

如果以上这段描述让你觉得愤怒，说明你开始觉醒了。对于荷尔蒙过剩的男人来说，爱只会发生在当下，而不会是过去。对于逝去的爱情，你觉得他亲如前任，他觉得你远如前生。

祝你觉醒，并获真爱。

18

问：老师，我10年前修读过您的传播课，当年您给我的学年论文打最高分，我现在是博士后啦……我想请问，那些口口声声说喜欢你的人，一转眼就不出现了，我们对此应该持什么心态？

答：你如此有才华，怎能不受苦？苦有时不是事情本身带来的，而是天分高的人感知细腻所带来的必然产物。**对生命而言，接纳才是最好的温柔。**

不论是接纳一个人的出现，还是接纳一个人的从此不再出现。

你要学会爱自己，爱自己就是终生浪漫的开始。好好爱自己，别怀疑、别怨艾，你一定会拥有一个灿烂的人生，就像你灿烂的学业一样。我会再次给你打年度最高分，因为你好好爱自己。

第十一章

8 岁的我，想做一件 80 岁都会自豪的事

勇敢的心有了连接，就会有快乐

#问答林景新#

2023年1月9日，我驾车从广州出发，横穿中国西部。在初雪降临的一天，我抵达了川南的平乐村，认识了90后理发师磊磊。

磊磊的母亲早逝，父亲重组家庭之后很少回来，他与独居的奶奶相依为命。磊磊之前在重庆从事理发工作，暗恋一个女生很久，一直不敢表白，最后看着心爱的女生与他人牵手，心理受到刺激，患上重度抑郁症后回到村里闲居，三年来每天都在家门口晒太阳。

一个晴朗的早上，磊磊蹲在门口院子里抽烟，我朝他走去，向他介绍自己，并用很勉强的四川话和他摆龙门阵。他眯着眼笑了起来，给我递烟，我们抽了起来。我从来没有抽过烟，于是磊磊笑呵呵地给我示范。我问他是做什么工作的，磊磊就跟我讲了上述的故事。

雪刚刚融化的乡村，寒气如烟，磊磊说村里人冷漠，不跟他来往，今天有人跟他一起抽烟、陪他聊天、听他说过去，他很开心。

孤独的心一旦有了连接，就有了生机、温暖和快乐。愿我们每个人都能更勇敢些，迈前一步，与陌生的一切连接，与爱连接，与万物连接。

01

问： 林教授，您好！请教一个很难办和困扰人的问题：我儿子自从上了高中后就开始喜欢日本文化（自学日语，高二就能看懂全日文的书），2020年时就一直想去日本留学，因国际形势问题，至今没去成。去年他在一所日本语言学校报了名，办了日本短期逗留签证，2022年7月底到期。儿子的很多老师、同学和我的同事都让我劝儿子不要去，我和先生跟儿子讲了很多道理，但他仍然坚持要去一次，学自己想学的东西。我该如何劝阻他？请教授指点一下，感谢！

答： 2021年暑假，我曾乘坐绿皮火车周游北中国40天。在大兴安岭深处的加格达奇站换车时，我遇到一个8岁的蒙古族男孩，他准备跟18岁的哥哥坐火车前往南方游玩。

我说："这里到南方非常遥远，你为何这么勇敢？"

他说："我想在8岁时做一件80岁想起都会微笑自豪的事。"

这两个孩子的父母有没有担心过孩子远行？应该有，但我相信他们在帮助孩子分析情况、教他们如何规避风险的同时，依然鼓励孩子去实现自己的梦想。

如果孩子特别有主见，特别想自己去做一件有利于成长的事情，家长不要劝阻，而是要提供一切可能的指引，在做好安全保护之余，给他信心去克服困难。世界不太平，但人生不也如此？勇者从来都坚定前行。

为你的孩子自豪吧，也帮助他实现一个梦想，让他80岁时仍为自己感到自豪。

02

问： 林教授晚上好，我现在有点迷茫。我读初三，情绪不太稳定，有时候悲伤的情绪就莫名其妙地来了。我曾经想过自己是否抑郁了……我该怎么办呢？

答： 我们的大脑有一百多亿个神经元，一秒钟之内，大脑中就会流过数百个念头、数百种想法、数百种情绪。上一刻觉得愤怒，下一刻却可能觉得无所谓了。你前天向我提问，我今天才回答你，就是让你领悟到上面那两句话的含义。两天前的你和两天后的你，已经判若两人。

不必在乎自己某一天某一刻头脑里出现什么，那只是我们波涛汹涌的思维海洋中偶尔涌现的浪花，不代表什么。以后你长大了，会发现绝望的念头还是时常闪现，但勇敢的人会坚毅地活在希望的田野上，即使生活让人失望，也绝不对自己失望。

最后，我要送你一句话：**必须接受失望，因为失望是有限的；必须怀抱希望，因为希望是无穷的。**

03

问：老师，我本是学做软件开发的，已经学了快5年，但我现在发现做软件销售的人赚的钱更多，一天赚的钱相当于我一个月的收入，我应该放弃做软件开发转而去做软件销售吗？

答：刚上小学时，我特别调皮。我爹那时刚好领养了一只很乖的猫，我感觉他爱那只猫多过我。

好长一段时间，我都在梦里思考是不是转生做一只猫比较好……后来，我还是坚持把人做下去。再后来，越来越乖巧懂事的我，跟那猫一样也得到了老爹的厚爱。

这说明，有些事情不是因为看到了希望才要坚持下去，而是坚持下去才能看到希望。

04

问：林教授您好，我女儿读大一，最近和一个男生相处不错，属于互有好感的那种。听她说两人很谈得来，经常一起泡图书馆，一起吃食堂，偶尔一起出校玩耍。我们家长认为这就是在谈恋爱，但女儿不承认。我们的本意是不想孩子这么早就跟男生交往，现在不知道应该如何引导，说多了怕孩子以后不和我们沟通了，说少了又怕引导不够，以后孩子责怪我们……请问林教授如何看待这个问题，我们又该如何引导孩子呢？

答：当一个人对阅读、异性、赚钱、美食等任何东西开始萌发强烈兴趣时，就是生命原动力迸发的时候，也是教育引导最佳的时候。作为家长，你看到孩子眼中闪现这种光芒，首先要高兴，因为他们的成长将进入新的阶段了。

不必过分干预年轻人的大学生活，但必须引导他们形成正确的底线思维和结果思维。底线思维就是让孩子知道什么界限绝对不能跨越以及相应的后果；结果思维就是告诉孩子你对他们成长的关注标准是什么，只要他们能够在学业、心灵成长、综合表现方面达到你的要求，对于过程就不必过分干预。

05

问：老师，我经营着一家公司，业务运作挺好的，但常常感到莫名的焦虑，有什么办法可以消除焦虑吗？

答：不少人跟你一样认为自己有焦虑症或者抑郁症，但这些并不是真正的心理疾病，折磨他们的只是生活的空虚与无意义。

或许你可以尝试多去帮助他人。为他人做好事，不是一种义务，而是一种精神的喜悦，能让我们获得心理与精神的健康。下次你被焦虑深深困扰时，停下手头工作，走出去，去为他人做一件好事吧。

06

问：林老师，请问怎样才可以更释然地面对死亡和分离？难以找到信仰让我相信有来生。

答：死亡不是一件生命中应该关心的事情。你活着，它就不来。它来了，你已经不在了。对于不能活出此生快乐与精彩的人来说，即使有来生也不值得期待，因为他们根本没有经验能够过得好。

不要忧愁明天，明天自有明天的烦恼。一天的忧愁，在一天里承受就够了。

07

问：有件家事放在心里特别久了，每每想起如鲠在喉。是这样的，我和一个远房亲戚因为一份家产签了协议，都是已经谈好的，没想到白纸黑字在这个老家亲戚看来根本没用，对方不愿意把零头给我，虽不多但也有一万元。有的亲友叫我打官司，有的劝我算了。回去一趟很麻烦，打官司更麻烦，但总觉得不是钱的问题，沟通时对方的态度非常跋扈，一想到这，我的心里总是很难受。想请教下林教授，我应该怎么处理？谢谢！

答：你好！让我讲一个心理学的故事给你参考。

曾经有一个经理跟上司闹了别扭，他尝试各种办法都无法解决。他想了三天三夜后，把上司的资料推荐给一个熟悉的猎头，说了很多上司的好话。半年后，这个上司被猎头挖走。这个上司有了新的前途，这个经理也有了好的前途，原先敌对的两个人现在竟然变成了朋友。

如果实在打不赢敌人，就帮助他取得更大的成功。当你这么做时，心理上就让对方有了亏欠感，亏欠感如果不化解，就会折磨对方的内心。你如此超凡脱俗的无私，足够让你自豪几十年。

就算一万元没拿回来，也值了。

08

问：老师，我曾经是一个重度抑郁症患者，最严重的时候还想过自杀，好在我一直有着正确的自我认知，在没有依靠任何药物的情况下慢慢走出了困境。但是每隔一段时间，我会再次情绪极度低落，然后毫无缘由地哭泣、自责，不断自我怀疑、贬低，不停地想要放弃生命。如此反反复复，我不堪重负，却始终找不到突破口，只得求助林老师！请问我该怎么办？

答：目前治疗抑郁症的方法有两种：药疗与话疗。治疗重度抑郁症通常需要服药，因为大脑已经发生了器质性病变，很难完全用意志力去对抗。话疗就是与心理咨询师进行心灵的对话，在他们的引导下不再情绪低落。你要相信世上存在着这样一个人，他能让你的心平静下来。

人总得有些信仰才能活得坚实，让自己坚挺起来，你就能战胜抑郁。

运动能保持你的健康，家人能分担你的痛苦，美食能给你带来快乐，心理咨询师能引导你摆脱困境。

你要相信，并去实践。

09

问：林老师，我小孩读初一，语文好差，所有科目中他最不感兴趣的就是语文。他讨厌语文，我要怎样培养他对语文的兴趣？

答：这个年纪的孩子对某个科目不感兴趣，通常是因为教这个科目的教师未能引起他们的兴趣，这不是能力问题，而是注意力偏差问题，正如某些未婚男女声称自己是单身主义者，遇到爱就会立马转变主意……一个人只要对生活充满好奇，他就会自我求索。一个孩子只要对求知充满兴趣，他就会慢慢成长。

作为家长，你要帮助孩子保持对知识的好奇心，而不是在某一时间段对所有科目的平衡的好奇心。多带孩子去科技馆、展览馆、博物馆，带他去看戏剧和歌剧，让五颜六色的大千世界激发孩子澎湃的好奇心。

正确的好奇心才是成长过程中至关重要的。

10

问：林老师早上好呀，我姐姐想请教一下您：她女儿10岁，从4岁开始练琴，但到现在都没有养成练琴的习惯。她不喜欢练琴，觉得练琴辛苦且占用她玩的时间，也没有发现特别感兴趣的事物。最近我姐姐在考虑是否要女儿放弃练琴，还请您给支支招。

答："学琴的孩子不会变坏"，这句著名的广告语说出了许多父母的心声。他们让孩子练习弹钢琴的真正目的并非考名次，而是陶冶孩子的情操。如果你姐姐的目的也是如此，那么6年的钢琴课折磨够长了，给孩子自由吧。

在孩子成长初期，培养他们的自信与乐观性格胜过一切技能掌握。相比孩子，今天许多父母其实更不自信，他们担心没有学好某项技能就会被淘汰，所以焦虑地强迫孩子学各种各样的东西。

社会的变化太快，任何技能都可能转眼成为鸡肋，自信和乐观才是成长路上最重要的素养。

人到中年时回头看，你绝不会因为年幼时少学了一项技能而后悔，而只会因为父母不尊重你的意愿而遗憾。

11

问： 林老师，我爸72岁得了脑动脉瘤，我们咨询了专家，需要做手术，可我爸思想顽固，怎么说都说不通，不肯做手术。我该怎么说服他呢？谢谢林老师。

答： 年少时，我们只相信身边人。年老时，我们却只相信外人。这就是为何有些老人会轻信陌生推销员，买一堆自己并不需要的保健品。要说服你父亲，最好让他者出面：医生、专家、他常来往的朋友……如若他喜欢看电视或者电影，你就去找一个具备说服力的节目或者影片给他看看。

说服的三大要素：说服者的品格（权威）、说服的方式（巧妙）、说服的频次（多次）。祝你成功。

12

问： 林老师，现在有个难处想向您咨询：我的儿子今年考研未被录取到理想学校，3月份自己找了北京某律师事务所上班，现在实习期间。他今天收到参加本周六某大学法学院研究生（全日制）面试的通知，但他已不愿去读书，不想辞掉现在的工作，说早点工作能早点拿到律师执业资格证，对他以后从业有帮助，而且他很喜欢现在的工作，三年后不一定能找到更合适且自己喜欢的律所了。他的本科专业是英语，有英专八级证书；在校学了第二专业法律（非法学），去年拿到了全国司法考试A证，但因不是科班出身，没有从事法律顾问的优势。我主张还是先读研，可又难以说服他，该怎么办？请指教！

答：读书、就业、结婚等，都是人生成长中的阶段性结果，没有必然的程序先后。

父母对于已经成年的孩子，尊重其志向比代替他们选择志向更重要，因为他们更懂自己感兴趣的是什么。

帮助孩子发现并确立人生持续的兴趣方向，比起强制他们按照你的方式去成长重要多了。

一个人持续、长久的兴趣所在，就是他的天分所在，就是人格绽放所在，就是人生成就所在。天要下雨儿要走，由他去吧。

13

问：老师，我是一个大一的学生，快满18岁了，可我很不快乐。我从小就有口吃，随着年龄的增长，我的心理越来越受它的影响。读了大学之后，我口吃的情况变得比之前更糟了。我变得自卑，极度缺乏自信。大学很重视口语交际，明明我有许多想说的东西，可一次次的尴尬和狼狈把我心中的表达欲熄灭了。我越来越胆小和沉默，对身边很多事物都提不起兴趣……我该怎样拯救自己？

答：引发口吃的原因有两种：遗传导致的生理性缺陷和心理障碍导致的过度紧张。我了解不少口吃的个案，多数是由心理原因引发的。胆怯、不够自信、不擅社交，这些心理因素都会导致原来可以正常表达的人走向嗫嚅。

如果是生理性的严重口吃，就需要医学矫正。若非，可以学习李开复，强迫自己在熟悉的朋友面前演讲，借此锻炼自己的胆量。去看看他的励志著作《世界因你不同》吧，或许你可以从中获得许多灵感。坚强、坚持、努力，如果你能具备以上三点素养，必然可以克服人生一切不利的因素，活出完全的自由。

愿你眼中闪耀着自信，过上自己期望的人生。

14

问：林老师，您好！我在中大听过您的课，您的讲课方式很幽默，我想请教一个问题。我先生工资比我高，他的钱90%自己存起来，我的工资用于家庭日常开支，偶尔跟他要钱，他会认为我乱花钱，会说这个不该买那个不该买，多买一个菜篮子或一包厨房湿巾也要叨叨两句……结婚15年，我早已习惯他的钱不给我，放心这钱由他管，特殊节日没表示我也习惯了，但他说我乱花钱时我就很郁闷，我认为自己已经很节约了，一个月开支算上房租不到5 000元。我跟朋友聊这些时，得知她们开支都比我大，而且先生会上交工资给她们管。个别朋友会觉得我傻，认为女人不留住男人的钱，无法留住男人的心，说万一婚姻有变故，吃亏的是女人。对此，我应该持什么样的心态？是不是他对我不信任、不够爱？

答：你这个直逼生活真实的问题，其深刻程度会让任何回答都显得肤浅。

人格心理学认为，一个人无论生活水平高低，其情绪基调都是固定的。从来都小气的人，即使成为亿万富翁也会小气。按此逻辑，你要从男人的成长经历去理解他的性格，而不能从收入与上交比例去评断他是否爱你。

我唯一可以给你的肤浅建议就是：丈夫可以把钱自我保存，但你必须知道去向。因为男人手上钱太多，想法就会变多。你懂的。

15

问：林老师，我的孩子今年小升初，学习成绩很一般，我也没有能力帮他找到好的学校，内心很难过，您能说说我该如何自适吗？

答：人生有三次意识觉醒：第一次觉醒是，自己不是世界的中心；第二次觉醒是，许多事情即使努力也无能为力；第三次觉醒是，即使无能为力也必须竭尽全力。

给孩子最好的教育，不是提供最齐备的条件，而是输出最正确的意识。人生的道路不会永远如我们所想的那样笔直，但意识正确的孩子能随时调整自己，以适应新的一切。

乐观、积极、韧性，这是孩子成长中最为重要的，任何学校都提供不了这三种素养，但生活中的挫折可以让人迅速学会。

乐观面对一切，积极提高自我，坚定追求理想，你成为这样的母亲，你的孩子也会成为这样的人。

乐观、积极、韧性就是一个人性格中的阳光

16

问：林老师，我妈妈患有尿毒症，我又是独生女，结婚以后就一个人来广东工作，孩子由男方父母带着。我一直无法平衡家庭和工作，深感无力，一边是母亲的病需要我承担经济压力，另一边是自己没有尽到作为母亲的责任，只承担了经济方面的一部分责任，没有陪伴、教育自己的孩子，还被婆婆指责。我到底算不算一个不负责任的人呢？我的选择是不是错误的呢？

答：英国大哲学家罗素认为，生活中两件事最重要：一是运用智慧确定某件事情值得做，二是运用逻辑让自己坚信这一点。

这句辩证的哲语包含两个层面的意思：一是生活是一种选择，不存在绝对得失；二是既然已选择，便不再假设其他。

过好这一生，许多人缺乏的不是能力，而是坚定的信心。给自己多一点正确选择的坚定信心吧！向前行，不犹豫；向后望，不后悔。

17

问：我儿子今年大三了，读了两个专业，辅修的专业是法律，他的理想是研究生考法律方向。孩子一直以来都好学上进，做什么都挺认真的，读两个专业挺辛苦，但这是他自愿选择的，他的同学当中有很多学着学着就放弃了，只有他一直坚持到现在。孩子有个好习惯，每天都会通过微信、电话跟我们聊他的情况。但这段时间因为写毕业论文的事，他一直说自己太痛苦了，假期写开题报告就熬了几个晚上，这几天也在熬夜写论文，他老是担心论文过不了，导致延毕，又担心影响研究生备考，我感觉他已身心俱疲。我和爱人都清楚现在大学生"内卷"很严重，告诉他学习上差不多就行，两个专业毕不了业也不怕；考研如高考一样，一年不行两年，两年不行三年，三年考不上再说。他昨晚改论文又到半夜，今早又打电话来说还没写完，今天还要写，说自己很痛苦。作为妈妈，我的心很痛，孩子物质不缺，精神上的痛苦应如何排解？

答：每一种情绪，即使是负面情绪，也具备一定的积极意义。恐惧能让人警惕，愤怒会让人充满力量，痛苦会让人奋进。负面情绪只要在适当的阈值之内，就是正常的，不必过度为之着急。

你不需要太紧张孩子的紧张，只要他没有异常的举止。重要的是告诉他上面这句话的基本逻辑，并分享你们当年如何正确对待压力、如何度过煎熬的时刻。

相信吧，父母淡定的心态可以隔空加持给孩子。

18

问：老师，什么叫成熟？

答：喜欢的东西依然喜欢，可以欣赏而不一定要拥有；害怕的东西依然害怕，学会勇敢面对而不是一味逃避。这就是成熟。

第十二章

即使爱情不在，爱还在；
即使你离开，你还在

我爱你，跟爱无关，只跟你有关

#问答林景新#

几年前，我开始教授积极心理学，每天有许多人通过#问答林景新#向我询问不同的人生困惑。大部分问题都是成长过程中的必然困惑：爱、学习、关系处理、人生意义等。

年轻的我们总被困惑捆绑，年老时或许会发现，那些令人烦恼的问题正是我们活出勃勃生机的生活动力。因为有问题，所以会改变。

青春不是用思考寻找答案，而是用实践与经历写就答案。这些年我走遍中国大地，见过风餐露宿的朝圣者、晨钟暮鼓的信仰者、逐草而居的放牧者、安贫乐道的普通人。我曾疑惑：他们为何会选择这样的生活？

人生的答案就写在他们的脸上。我知道，总有一天，我们都会活出写满答案的人生。

01

问：老师，我失恋一个多月了。我们彼此都爱着对方，但我做了错事，她现在很难完全信任我了。我很爱她，一直放不下，感觉除了她再也遇不到爱的人了。我很无奈、很无助，也不知道怎么办。前天看着她把我们的照片都删了，我更是难受。请您给我指指路。

答：一段令我们念念不忘的爱情，放不下的其实不是爱，而是情。爱不过是荷尔蒙分泌的一刹那带来的感觉，这就是为何人们遇到新爱之后会迅速忘了旧爱。而情是爱的倒影，是两人欢笑与共之后一起酿造的陈年美酒，其中有回忆、有同甘、有共苦，这是比荷尔蒙更入心入肺的感觉。

爱情出现裂缝，无论结局能否挽回，你都要为对方继续用心酿造"情"这杯酒，不求回报、真心真意、全身投入。你会在谦卑、无私付出的姿态中，重新发现自我并相信爱情的力量，保存一份对爱情最美好的想象。这样，**即使爱情不在，爱还在；即使她离开，她还在**。

02

问：教授您好，我儿子这段时间情绪波动大，特别是进入初二之后。我之前找过学校的心理老师给他做测评，说他的敏感度极高。他还缺乏自信心，现在一紧张就会抖左脚，特别是学习任务重的时候会控制不住情绪，大哭大闹。我试过几次带他去看心理医生，但他一直比较排斥。我现在不知道该怎样做才好，林老师能够给我支支招吗？

答：少年情绪波动就像脸上的粉刺一样，是成长岁月的阶段性征候，并不需要什么特别的治疗，心理评估反而是对他的一种刺伤。顺其自然，慢慢成长，时间自会磨平一个人内心的尖角与脸上的粉刺。反之，如果对孩子过度担忧与关注，就会把本不是症状的东西强迫成了病症，就像一个人使劲挤青春痘，结果必化脓，痘就成了永久的疤。

人生两大忠告：别挤青春痘，别太逼孩子。

03

问：林老师，我有一个不作为的同事（与我同一个职级），当我加班加点，忙到焦头烂额时，他却优哉游哉，把所有工作都推出去，准时吃饭，准时散步，准时下班。他甚至把自己不想干的事推到我这里，就因为领导觉得我靠谱。请问林老师，我该怎么正视这种不公平现象？在这种工作环境下，要怎样保持积极向上的初心？

答：以前上课，我会批评迟到的学生。后来我认识到，迟到者也有价值。他们的迟到给了那些踩点到达的同学一种安慰。

不必苛责生活中那些懒惰、消极、推卸责任的人，他们在你看不到的地方体现了另一种镜像作用：因为有人不上进，才智普通但努力工作的人才有更多的机会。

看到每个人的镜像作用，是职场成长的一种重要能力。职场不是婚姻，我们无法按自我喜好选择伙伴。

建议：

第一，承认每个人的价值，改变嗔怒的心情。因为这会降低你的工作能力与效率。

第二，把责怪他人的心放在改进工作技巧、提高工作成效上。

第三，请直属领导与这个推卸责任者一块吃饭，真诚表达你对工作的看法，真诚沟通能改变一切。

04

问：开车上班的路上，我思考着各种过去的画面，突然想起您在积极心理学课上讲的一句话："需要被鼓励的人，鼓励对他是没有用的。"这句话以前用在我家孩子妈妈身上是正确的。但最近我发现这句话用在孩子妈妈身上变得不正确了，林老师有什么建议吗？

答：一个人如果每天告诉自己"我需要被鼓励""我要每天都开心"，这种念头一旦升起，不愉快的感觉就来了，因为期望总会有落空的时候。

我们要获得愉快的生活，顺其自然是一种重要的心态，这是一种与强迫性相对立的舒然。我们要相信，生活的一切都是有益的体验，包括痛苦在内，正是这些高低起落的体验，使得我们短暂的一生有了丰富的色彩。于是活出精神自由的人，就会顺承接纳发生的一切，无论是赞美还是诋毁、是鼓励还是漠然，都可以坦然接受，并愉快地顺其自然。

我刚结婚时，我爹对我说："婚后，每对夫妻都会吵架，当你勃然大怒要跟太太吵架时，一定要想好这个问题：你要做一个追求正确的男人，还是要做一个追求快乐的男人？"

婚姻生活中没有绝对正确与错误，所以我选择后者，从不试图说服太太。我的生活一直很快乐，供你参考。

快乐比正确更重要

05

问：林老师，您好！我是一个高考孩子的母亲，作为家长，我对高考结果看得很淡了。孩子成绩普通，但对学校放假时间比其他学校短一两天有很大的意见，觉得少放一两天他也上不了清华北大，为什么还要缩短放假时间？我该如何缓解他的这种焦虑感？谢谢老师！顺祝五一快乐！

答：焦躁是一种情绪扰动思想的结果，波动的情绪带来了不确定性的思想状态，当头脑中的念如过山车般忽高忽低时，人们就会有焦虑、疲惫等感受。

想要减少焦虑感，首先要学会控制狂如飞瀑的念。你可以让孩子学会最简单的冥想（一次一分钟），分为三个步骤：

第一步，端坐在一把直背靠椅上，后背需要稍稍远离座椅靠背，让脊柱处于自行支撑的状态。把双脚平放在地板上，双眼闭合或者俯视。第二步，将注意力放在呼吸上，关注空气吸入和呼出身体时的感觉。第三步，尝试把不断游走的注意力拉回来。冥想能帮助孩子培养一种深刻和宽容的认知，焦虑感也会得到控制。

06

问：我的丈夫是一名基层干警，这几年大部分时间都不在家。我一边上班，一边和奶奶照顾两个娃。这个月回家，因为他父亲过世以及跟我在生活琐碎事情上的冲突矛盾，他陷入了抑郁中不能自拔，寝食不安，还觉得跟我生活特别压抑。我想要开导他，承诺将来什么都不求他，却感觉靠近不了他，特别无助。我不想离婚，我只能试着从您这里求助！

答：你对丈夫的不离不弃让人感动。巨大的压力会让人的性格与行为发生扭曲，这就是为何行至生活暗黑深处时，曾经相濡以沫的人也可能变得互相敌对。

当生活至暗时刻来临时，能拯救自我的法宝就是耐心与相信——耐心等待，相信未来。

心理学教授奥尼尔医生曾在"二战"期间被关入奥斯维辛集中营，他发现虽然集中营每天都有人死去，但临近圣诞节期间死亡率最低，因为囚犯都相信盟军很快会来。这就是心理学的重要发现，怀揣相信、心存希望能让人保持乐观、积极，并提高免疫力。

多给丈夫鼓励和肯定，多关注他的日常细节，多进行有效的互动交流，被爱包围的人，其内心会重燃爱的火花。

在人生长路上，我们必须葆有一份永不被磨灭的耐心和永不被耗尽的慈悲之爱，对人、对己、对天地。

07

问：我一直认为自己是一个比较温柔且尊重别人的人，可是最近我觉得自己可能错了。近段时间我老是和别人吵架，和家里人吵，和司机吵，和健身房的人吵，和房产中介吵。有的时候我认为自己在维护自身权益，但我又觉得自己是不是哪里出现问题了……

答：孔子曾说道："**小人无错，君子常过。**"发生了问题，缺乏觉悟力的人从来不会认为自己有错，而能自省的人却会深刻检讨自我，从此避免重蹈覆辙。

从反思自己的过错开始，你已迈向一个新的开始。这是一种进步，是一个勇敢与深刻改变的开始。当你从别人的过错中看到真理，从自我的真理中看到过错，云淡风轻、高山流水的人生篇章就此开启。

08

问：如何才能静心？内心不安定，想静下心来做想做的事。想要的东西得不到（不只物欲），对未知的事情很多时候也有恐惧，如何很好地应对？

答：讲危机管理课时，学生问我："如何才能够避免危机发生？"
我的回答就是："无法避免。"
社会发展是一个动态过程，永远会在和谐与危机之间摇摆。人生也一样，我们会一直在静心与烦躁、快乐与痛苦中周而复始。所以，你要追求的不是静心，而是在烦躁时也能安住，安心并且平静地适应这种状态。

如果你在痛苦时也能安住，在孤独时也能安住，在失去时也能安住，在得不到时也能安住……你就能与生活中的一切不如意和谐共生、默契相融，这样就没有任何东西可以打败你。

09

问：我很困惑，最近工作不顺利，领导责怪我，觉得我能力不行，我也努力了，业绩却一直不行。我想辞职，和老婆一起开车去想去的地方，但她不能理解，不愿意辞职，更不希望我辞职。我们家每月有一些租金收入，有两万多元。我们家有两个小孩，小的4岁，大的初三，快中考了。母亲的身体挺好的，可以帮我带小孩。我觉得这个收入应付得了我们的家庭开支，所以我想趁着还年轻去实现小时候的愿望！我知道，无论我多坚决，我都要得到她的理解和支持后才可以这样做，我应该怎样说服她？打扰您了！

答：要说服太太跟着你辞职周游中国，你就要在"值吗"这个点上去罗列充分的理由。你必须帮她回答以下的问题：花这个钱，值吗？花这个时间，值吗？付出工作的代价，值吗？最重要的是，自从你提出这个疯狂的想法后，她或许会开始思考，跟你这个冲动的男人度过余生，值吗？

祝你好运，兄弟。

10

问：我现在的下属男生和原来的下属女生恋爱快一年，女生提出分手，很坚决。男生受不了，提出离职。男生潜力很不错，在公司有很好的发展机会。我刚接手新的中心，也需要这样得力的下属。请问我该如何沟通才有可能挽留他？

答：人们会因为喜欢一个人而喜欢一座城，也会因为无法忘情一个人而离开一座城。在情感中受伤的人，选择离开熟悉之地是一种自我防御机制，是为了避免脆弱的心再度崩塌。

如果你想留下这个男生，最重要的就是在短时间内帮他重获信心：如果他口才出色，给他创造发挥的舞台；如果他写作水平高，这段时间专门把重要的文本写作交给他，并公开让其他人知道；如果他球技一流，专门组织公司内部球类竞技活动，让他获得掌声。

帮助员工获得信心，不仅能激发他确认自我价值，更能让其对公司产生强烈的认同感。一个人有了自信，爱情、事业、人际交往会更顺畅，因为自信的人眼中闪耀着魅力的光芒。

另外，你帮助情感受伤的男生重获生活信心，就是在帮助他获得前行的勇气。

11

问：教授您好，因为第三者插足，我和前夫在孩子上初二时就离异了。我们三人原来都在同一个单位工作，前夫和第三者后来结婚了，又有了自己的孩子，我儿子就一直和我生活。儿子自2017年毕业后就一直宅在家里，不出去工作，情绪不好。他在大学时曾经交往过一个女孩，后来分手了，情绪低落到现在，不喜欢和人交流。我觉得自己倾注了母爱，但总是不合他意，与他心思不一致。请教一下您，我该如何做？

答：一个人生活进取的动力，有时来自意识的觉醒，有时来自不得不面对的压力。

因为离婚，你把原本对丈夫的爱双倍转接到孩子身上，对他过度保护，导致他无须面对生活的任何压力，心态消极，这是单亲家庭常见的困境。母亲错误的爱，养出人生观消极的孩子。

即使孩子是心头肉，父母也必须让他明白自立的界限。当务之急是让他真切感受到生活的压力，这样才能促使他意识觉醒。让他搬出去吧，或者你搬出去。过度的心软，只会养出退缩、懦弱的人。必要的狠心，却能打造强者。

不必在乎孩子当下是否能够理解为母者狠心背后的苦心，你真正要期望的是，你给世间带来一个有觉醒意识、有价值创造、积极向上、温暖阳光的孩子，而不是一个糊涂一生的孩子。

12

问：有件事情困扰我们好长一段时间了，我们很犹豫、很忐忑，希望能得到您的指点帮助。儿子交了个女朋友，两人感情很好，但女孩患有多囊卵巢综合征，这种病是女性常见疾病（得病率5%～10%），有一个最大的问题是怀孕概率低，还易得如糖尿病等其他疾病。作为父母，我们希望自己的子女找一个身体健康的伴侣，生育子女，享天伦之乐。可女孩这种病实在有些让我们不安，请问我们该怎么办呢？十分想得到您的帮助。谢谢！

答：有三件事情最难以用理性去衡量：抚养孩子、照顾老人和追求爱情。这意味着我们无法用投入产出比、KPI、回报率、风险性等评估工具去看待此事，更意味着上述三件事只跟本能、责任、良知、直觉相关。

强行用理性预估去衡量无法理性评估的行为，只会让我们变成精致的利己主义者。利己，意味着唯我、局限、看不到因果。**没有一个利己主义者能最终获得真实的幸福，因为幸福不是一种状态，而是一种心态。**

作为父母，你们需要考虑的只是儿子的婚姻是否幸福，而不是他多大概率会带来孙子。抚养孩子、照顾老人、追求爱情过程中都存在着艰辛，夹杂着痛苦，但正是这种无私付出与不求回报的投入，让我们体验到人非纯粹理性的生命价值——如果爱，人则会投入。如果投入，则会无怨无悔地担当。因为无怨无悔，生命的快乐就在其中粲然绽放。

13

问：教授，能向您讨教一个问题吗？生命存在的意义是什么？这一年来我经历了丧夫、亲人的冷漠、生活的艰难维持，时刻行走在崩溃的边缘。我每天都不让自己停下来，不让自己去想未来，经常对自己说，人生苦短，活好每一天。但在某时某地某一瞬间，我还是会崩溃大哭，就像《无人与我》那首歌，每一句唱的都是我，很忧伤，甚至这份忧伤应了那句话："你要上吊，别人以为你在荡秋千。"

答：生命是一次庄严的旅程，每一件发生的事情都有其严肃性，上帝从不开玩笑。这意味着每一件发生在我们身上的事情都有看得见的逻辑，也有我们看不见的因果。**我们可以怀疑一切，但不可怀疑因果。**

人生经历的一切都有意义，经历就是一种财富：美好的经历，可以增进你的信心；痛苦的经历，可以增长你的智慧。所以，无论你此刻正在经历什么，你都要相信，人生没有白走的弯路。总有一天，你会活出写满答案的人生。

我的朋友，愿你曾经历过的痛苦，日后不再承受。愿你有过的幸福，以后触手可及。

14

问：您好，有个问题一直困扰着我，就是要不要生二胎。我女儿现在7岁多了，正在上小学一年级，教育的压力基本落在我身上。我老公经常出差不在家，也没有老人可以帮忙，除了接送孩子、煮饭、辅导作业，我还要上班。我老公和公婆都希望我生二胎，但我觉得自己并没有生二胎的条件，所以一直很纠结。请教林老师，是否真的两个孩子比一个好？

答：弗洛伊德把对行为判断的觉知分为意识、下意识与潜意识。你可以借助这三者来判断自己作出决策的意愿程度。意识指自己能够觉察的心理活动，理性状态下，你会很清楚自己的意愿。下意识是指无意中显示出的行为，比如听到闺蜜生了二胎时，自己的反应是喜悦不已还是幸灾乐祸，这会间接反映出一些并不明显的意愿。潜意识就是入梦时，在梦里出现的场景，弗洛伊德认为梦是压抑现实的再现。留意自己的梦，就能明白自己真实的倾向性。

听从自己的直觉，倾听自己内心的声音，不冲动，不情绪化，决策就会趋向利益和效益的最大化。

15

问：我家大宝今年11岁多，昨晚打电话跟我聊了快一个小时，一边聊一边哭，因为她的小闺蜜说不跟她玩了。我怎么安慰都没有用，她一直哭，感觉自己没有朋友了。我觉得小孩可能隔夜就好了，可今天下午课间她又打电话给我，哭得挺崩溃的，说真的没人跟她做好朋友。我该怎么引导她？

答：在心理治疗上，哭泣是一种有效的情绪宣泄方式，一个人哭得出来，说明有了情感的出口。

相比于成年人，孩子的情绪是流动的，情绪只要是流动的，就不成问题。下雨以后，阳光就会到来。孩子因无法处理矛盾关系而哭泣，作为家长并不需要太紧张，你要做的是耐心倾听，并引导她对情绪进行转化。比如鼓励她给自己写一封信，看看她如何安慰自己。让孩子在早期学会面对失意是好事，如果家长介入太多，就会剥夺孩子学习抗挫折的机会。眼泪虽然有时会把人淹没，但更会把人送抵心智成熟的彼岸。

告诉孩子，眼泪可以化为清晨的露水，滋润新的一天。让她执笔给自己写一封信，告诉自己未来会更好。

16

问：老师，我家有两个小孩，6岁的哥哥看了下电视后就去写作业，将电视节目暂停在他看的那个，说写好了再出来看电视，写的时候也是边玩边写！爸爸让1岁多的妹妹看电视，哥哥听见就跑出来说把他看的节目调走了，又哭又闹。爸爸解释等会儿他写完作业就可以调过来，可他越发哭得厉害！我没忍住，就把遥控器砸了。他这样要性子不是一两次了，我也知道自私是本性，估计这次伤到他心坎上去了。

答：心理学有一个名词叫"情绪置换"，指的是人们把在A事上累积的情绪释放到毫不相干的B事上。在办公室被上司责骂的人，回家后会无故找孩子或者配偶的碴，因一点小事爆发巨大的怒火。

6岁的男孩因为电视被换台而激烈哭闹，表面上或许是父亲没有尊重他的意见，内里可能是他抗拒写作业，把写作业的不满发泄到了看电视上。砸遥控器的你，表面上是为了阻止儿子的放肆，其实潜意识是借此告诉丈夫自己养育孩子的辛苦与委屈。

当然，情绪置换不一定都有害，比如脾气暴躁的人去做拳击手，就是把个性、职业与情绪转移完美合一。你要多去了解自己和孩子的个性，洞察潜意识，建立正确的情绪置换路径，这样家庭才会和谐，个性才会走向成熟。

17

问：我对中年婚姻有点困惑。我和老公认识21年，结婚10年，从大学一路走过来，如今快40岁了。我们近两年因为工作分居两地，周末才见面。要说生活好了也对，他晋升到了领导层；要说不好也对，钱我没看到，或者说不让我管钱。我们以前有很多话聊，就算坐在一起也不会尴尬，可现在都没什么聊的，两人相处都觉得不自在。没有什么出轨的狗血剧情，只是除了孩子，感觉没什么话可以说了。每次我主动沟通，他都是沉默或者说我电视剧看多了。是不是中年婚姻都这样？感觉婚姻如同一潭死水，没有一点波澜，甚至觉得窒息，请教授指点一二。

答：人生总会有一个阶段，即使是亲密的夫妻，也会发现有些话无人可说，有时无话可说。这跟感情深浅无关，只跟人生轨道的重心变化相关。

人生的每一个阶段，人都在变，相处的方式也必然在变。我们必须不带嗔心去接受彼此的变化与相处模式的不同。

人到中年，更要和谐地相处，不要想着改变对方，而要努力去创造彼此共同的爱好或者共同追求的目标，一起参谋，一起流汗，一起成长，在夫妻关系中培养出志同道合的默契，新的感觉或许又回来了。不一定是激情的爱，至少是彼此尊重与相互依靠的情。

你要永远相信爱情，但不要相信爱情会永远。

18

问：我的儿子12岁了，非常容易发脾气，经常莫名其妙地哭闹。有时留他一个人在家一小会儿，他就会歇斯底里，发脾气的程度不可思议。

我也会被他气哭，但还要千方百计去哄他，觉得喘不过气来。所以想问下林教授，这种情况应该怎么办？为何小小年纪，脾性却如此极端？

答：按照以上描述，你的儿子疑似有边缘型人格障碍（BPD）初期症状，而不是简单的情绪波动，建议找专业医生检查一下。患上此症的人有三个特征：心态敏感、行为极端、控制情绪能力极低。心理学形象地称之为"情绪皮肤剥落"。患者与他人沟通很困难，依从性非常差。

BPD患者总是害怕被遗弃，害怕被孤立，所以他们内心深处的精神诉求就是得到足够的安全保护与爱的承诺。他们一次次无理由地发脾气与行为异常，就是想从爱他的人那里获得一次次爱的回音。

你可以随身带着儿子的照片和他喜欢的玩具或者食物，当他无端发脾气时，这些都可以让他感受到父母爱的承诺和足够的安全感。但是，情况严重的患者需要服药，口头劝说并没有太大效果。

第十三章

宁要错误的乐观，也不要正确的悲观

乐观是一种智慧

#问答林景新#

1977年，斯坦福大学心理学教授阿尔伯特·班杜拉提出了著名的"自我效能感"：当一个人通过特定行为暗示自己能力更强时，实现目标的能力就会提高。

乐观的人会更自信，人生更幸福。

一个普通的人如果打扮得更体面些、讲话更文雅些、运动更勤快些、交往更主动些，自我效能就会发挥巨大的暗示作用——年迈的人开始虎虎生风，懦弱的人开始变得勇敢，追求目标变得更有信心。自信一旦形成，人生便焕然一新。

01

问：林老师，我小孩读初一，喜欢上别班的女生，曾表白过，但女生没接受，目前是处于单相思吧（这件事是同班同学告诉老师，老师找我小孩再三审问得知的；我也是老师告知的）。小孩说全班都知道了，很难受。我应该怎样引导他？

答：**生活中，三件事情会改变一个人：理想、爱与失去。理想和爱让人充满激情，而失去却会让人开始走向勇敢。**如果你的孩子是一个听得进道理的人，你就告诉他，勇敢接受自己曾经的失败，是迈向成功的一大步。

勇敢接受别人对自己失败的嘲笑，检讨自己的不足，就是迈向成功的更高一级台阶。得到一样东西，最好的方式就是让自己配得上它。

如果你的孩子不是一个听得进道理的人，你就假装一切都不知道，不询问、不提及，如常对待他。无视一件负面的事，是对身处负面旋涡中的当事人最好的安慰。时间到了，人就会自动从旋涡里解脱。

02

问：有个员工，非常自我、自私，斤斤计较，满腹牢骚，与同事们的关系很僵。对这种人，该如何进行教育？

答：不要试图去改变成年人的性格，因为这对企业来说太过漫长，成本巨大，企业不是学校。对于天赋突出的人，企业可以专门为其改变聘任规则，将其招至麾下；对于影响极为负面的人，企业同样可以专门为其改变聘任规则，将其隔离、调职或者开除。企业不承担思想教育的责任，想不清、执行不了这一点，管理者的烦恼就会无穷无尽。

03

问：林老师，请问您对断舍离有什么看法？

答：读大学时，我有一个女朋友。毕业那年，她获得美国一所大学的全额奖学金。赴美那天，我去送她，她手里拿着一个袋子，里面有我送她的书、照片和公仔等小物件。一回头，她全部扔进垃圾桶……她说："林，不要怪我，心事太重无法前行，我们且敬往事一杯酒就好了。"

过去10年，我曾五进藏区，在佛光闪闪的高原上，举手所触就是天堂，许多人却因为心事太重而步履蹒跚。慢慢成长后，我认同当年她的断舍离：人的心灵如房间，会慢慢被各种物件填满，如果恋念太强、舍心太弱，回忆就会占据心灵，人就无法真正活在当下。有一个夜晚，你烧毁了所有的记忆，从此你的梦就透明了；有一个早晨，你扔掉了所有的昨天，从此你的脚步就轻盈了。**无论多好，都不要回头。无论多糟，都不要回忆。这不是狠，而是舍的智慧。**出离了所有的执着，就获得了完全的自由。

04

问：最近国家大力推进减税降费，作为税务局负责留抵退税工作的部门负责人，我觉得压力很大，每天都有看不完的邮件、开不完的会，还有任务，回到家里连话都不想说。请问老师怎样减压？

答：当情绪疏导的管道堵塞时，人们就会觉得压力很大。所以，疏导压力的有效方式就是在一定时间内，用顺情、顺意、顺心去打开情绪转移的管道。

顺情：每天临睡前回忆一件开心的事，带着愉悦的心情入梦。

顺意：压力大时允许自己做一件特别想做的事，比如一次想走就走的旅行。

顺心：情绪无法转移时，允许自己决然拒绝去做一件自己特别不喜欢的事，比如不去出席某个特别令人厌烦的宴会。

虽然压力需要疏导，但你也不必过度在意压力的存在。我们在意之物都会成为人生的束缚。

讲"积极心理学"这门课时，常有学生问我："压力会不会影响健康？"

我告诉他们："压力只会影响那些认为压力影响健康的人的健康。"

祝你健康，我的朋友。

05

问：林老师晚上好，我是个中年创业者，思绪万千，焦虑太多，导致睡眠质量不好，身体多项指标都有变化。我很羡慕那些睡眠质量好的人，现在我最大的奢求是睡好觉，可是各种方法都尝试了，还是没有收到好的效果。请您给个指点。

答：在哈撒韦公司的股东大会上，查理·芒格说道："生活中最重要的一种智慧，就是找到之前最行之有效的方式，然后不断地重复它；找到之前最一事无成的做法，然后竭尽全力避免它。"

在中年之前，你必有过睡眠质量良好的夜晚，仔细回想那些曾经，回想那些夜晚的状态，回想那些状态下的心情。你可以复制曾经的那些酣睡如山的时刻，无论是"纸屏石枕竹方床"，还是"手倦抛书午梦长"。

别太信别人给你的睡眠建议，最好的睡眠医生就是自己，没有人比你更了解自己身体的节奏。

睡眠最大的障碍就是太在乎睡眠了，所以别熬夜。你喜欢的人早睡了，她梦里没有你，醒来也不记得你的。晚安。

06

问：林老师您好。特别想知道，面对疑似患癌的朋友，您会对他说什么？

答：李叔同遁入空门后，号弘一。许多朋友常去探访他，其中有大作家夏丏尊。一年冬天，夏丏尊遭遇丧母之痛，去拜访弘一法师，希望得到开解。几小时里，弘一捻动佛珠，默默倾听，温和目视，一言不发。夏丏尊后来觉得"即使一言不发，也觉佛光加持，受益无穷"。

在夜深人静的时刻，我时常回想起夏丏尊与弘一对话的情形：开口时，沁人心脾；沉默时，高山流水。言语可以用来安慰，但安慰不一定需要言语。当悲伤可以看到时，任何言语都可能是伤害。如若我需要去安慰一个罹患重疾的人，我会用行动给他关怀，用眼神给他温暖，用若无其事给他信心，用一切如常给他勇气。真正的朋友，既懂你言外之意，又懂你欲言又止。安慰他人，何须言语？

07

问：林教授，我今天听了一位专家的课，他说人在3~7岁的时候就已经把人生的剧本写好了，大概7岁之后，人就是按照这个剧本一直走下去，当然后来的人生历程可能会有调整。我听了之后觉得很有感触，您怎么看命运？

答：人生的剧本如何写就，在佛教看来，前生的业注定今生的命；在儒家看来，谋事在人，成事在天。凡不是人力所能办到却办到了的，都是天意；凡不是人力所能招致却来了的，就是命运。

在漫长的生命旅途中，会有清风朗月，也会有凄风冷雨。成功了，是命运对我们努力的犒赏；失败了，是命运对我们抗压能力、拼搏指数的考验。所以，**得意不必忘形，失意不要失志**。人生的剧本是什么时候写就，这并不重要，重要的是做最好的自己。把自己交给努力，把结局交给命运，这就是中国人的"安身立命"之道。对待命运，最好的态度或是：尽人事，听天命。

尽人事，听天命

08

问：林老师下午好呀，我翻了一下通讯录，感觉最有文化的就是您了。不知道能不能麻烦您帮个忙，我的孩子预产期是这个月初，男孩，一直没想好取什么名字。

答：名字有时是一种期望，有时是一种祝福，有时是父母血脉铭印的延续。你的名字"庆梁"，五行属木，你的孩子最好也延续"木"的根基，并且发扬光大。

我的第一个建议是"承基"，意指孩子弘扬家业，承前启后。我的第二个建议是"彬桐"，名字中木的属性，比为父的你更胜一筹，意指青出于蓝，胜于蓝。《说文解字》解释道：桐，荣也。彬桐，意指彬彬君子，家业昌荣。

最后我还是想说一句，我是教书先生，不是算命先生，并不擅长看面相、看风水、取名字……只是擅长自圆其说。祝你孩子好运。

09

问：今年我的孩子和我两个最要好朋友的孩子都要中考，她们的孩子都比我的优秀，我女儿可能连公办普高都考不上，而她们俩对孩子一向有要求，如无意外应该可以上理想的高中，但她们还是焦虑得不行，经常会找看起来"心大"的我来倾诉。我本来是不敢抱什么希望，只要女儿最后尽力去考就行了，基本是向现实低头，但还是被周围这种焦虑影响到。我不仅要安慰两位好友，还要承受内心不自觉拿自己孩子去比较的痛苦。一想到我女儿可能考不上理想高中，我就很难受，不知道如何自处。望林老师指点迷津！

答：读初中时，我沉迷于电子游戏街霸和魂斗罗，成绩开始变得很烂。我爹怒不可遏，特别是在他的同事炫耀自己的孩子成绩多出色时。后来，他安慰自己并到处告诉别人：现在不行，不代表以后不行，我的孩子会大器晚成。

我爹的话给了我信心、指引和努力的原动力。当我们的内心始终存有一份相信时，让人生有所作为的使命感就会在某一天被唤醒。这么多年来，面对许多成功人士，我从不自卑，因为我相信自己会大器晚成。虽然现在依然遥遥无期，但我不气馁。在人生的长路上，无论是激励自己还是鼓励孩子，宁要错误的乐观，也不要正确的悲观。所以，即使你的孩子现在不出色，也请你相信他会大器晚成。

10

问： 林老师，求而不得是人生常态吗？

答： 人生有四种常态：求不得、放不下、怨短暂、恨别离。这四种常态也是人生四大苦，没有人可以避免。

很多人对这些常态的存在有错误的执念，以为可以避免，导致人生始终在苦海中浮沉。我们的人生不是追求完美，因为世上没有完美的存在。当你能坦然接受不完美时，就迈向了完美的开始。

生活中最让人敬佩的人，就是在任何境况中都能安住的人。在他们心中，一切都是最好的安排。

这一生，普通人只追求快乐与完美，智者却在缺憾与痛苦中追求宁静与自由。愿你成为后者。

11

问： 老师，当人到达了最低谷，失业，欠债，失恋，可以做点什么让自己触底反弹？

答： 从明天开始，你每天固定做一件让自己变得更好的事，比如阅读、锻炼或者学习新技能。

从明天开始，你每天固定做一件让别人快乐的事，比如赞美、帮助、表达喜欢等。

八十一天后，你就会脱胎换骨，好运频来。

习惯就是人生，意识就是命运。

12

问：林老师晚上好呀，有个朋友问我：要如何对待难看的老公？她为此伤心欲绝。

答：一个人要愉快地活在世上，要么靠颜值，要么靠实力。如果你的朋友觉得自己的老公难看，说明这个男人这么多年来是靠实力活着的，你得恭喜朋友，嫁给了一个实力派……完全没必要悲伤。

如果你的朋友听过前天晚上我讲的"林景新哲学课"，她就会知道一切都是辩证的，更没理由悲伤。长得好看的男人，随着时光的流逝，他们的相貌只会慢慢走下坡路，最后跌到人生的谷底……她的老公从来都在谷底，无所谓。

长相难看的男人，性格通常不会自傲，更多的是平和，性格平和，就容易相处，家庭氛围会很和谐。

嫁给好看的男人，得到的可能是虚幻的满足。嫁给难看的男人，将得到内心的宁静。

无上的宁静在内心深处，这是人生追求的极高境界。

13

问：林老师好，您觉得哲学博士对爱情的看法是如何的呢？就是读过哲学的人会不会跟平常人不一样？

答：我有个朋友，他修读完哲学课时，在文章里写了很多人生感叹。他的指导老师看了文章，就递给他一个袋子，让他拿去草地上装满落叶再回来。等他装满拿回来，导师却挥挥手说："装，装啊，你继续装，装到不想装再回来……"

读哲学跟其他专业没什么不同，除非有人故意装。

14

问：林老师，您好。2019年有幸听过您的课，您幽默风趣，我受益匪浅。见您懂心理学，就想请教一个问题。我有两个儿子：弟弟读一年级，乖巧，是"学霸"。哥哥读五年级，不算"学渣"，但一直不让人省心，总体问题就是什么都不上心，上课喜欢讲话，经家长、老师多次说教还是没改掉。我感觉他什么都不在乎，说教不管用，想打吧，都成人高了。同样的教育方式，两个孩子的性格却完全不一样。请问怎样才能让哥哥重视自己的行为习惯和学习呢？

答： 五年级的孩子心智不成熟且多变，如果他只是贪玩，慢慢教导就可以了，不必操之过急。学习成绩好坏只是衡量一个人的标准之一，情商、动手能力、体育素养也是重要的成长标准。在孩子的成长过程中，父母必须多关注孩子的优点，多肯定而少否定，这样才能培养其自信心，而自信心是通向成才的关键。

不必把弟弟的优点当成唯一的准绳去要求哥哥，这样会导致哥哥的心理偏激。这个年纪的孩子心理敏感且脆弱，要多肯定优点，再去慢慢纠正缺点。孩子只有感觉到被接纳，才会有努力变好的动力。建议你去看看教育家陶行知教育学生的"四颗糖的故事"，你就会明白把批评裹在赞美里的重要性。

15

问： 林老师，晚上好，我和先生因与孩子沟通的问题打了一架，他就收拾衣服去其他房子住了。他不浪漫、木讷、做事慢吞吞，我是风风火火的人，平时经常看他不顺眼，也经常情绪来了就骂他。这次闹翻，可能要离婚了，他也说了周一到周五不回来，周末回来看孩子。我呢，感觉心情有点复杂，一是一个人带孩子上班应付不过来，二是觉得他竟然那么绝情，但是孩子又对他念念不忘。我很迷茫，望请指点迷津！

答： 在心理学中，夫妻相处有一个1∶5的原则。夫妻之间的对话，如果说一句贬低对方的负面之词，就必须说五句赞美、肯定的话，才能令对方情绪健康，否则这段婚姻大概率会在三年内走向崩溃。如果婚姻关系出现裂缝，只要按照这个1∶5的原则去衡量自我的表达，就会找到产生裂缝的原因。

一个人经常看到别人的过错，是因为内心不清净，并非眼光犀利。心外无物，一切不过心的倒影。常责己、多恕人，你就能产生正面磁场，影响对方同样如此。美好的婚姻是互相感召的结果，恶劣的婚姻则是互相伤害的结果。

从今天开始，注意你的言行。

16

问： 林教授您好！有个关于小朋友教育的问题请教您：家里的6岁小朋友参加篮球兴趣课一年多了，之前跟几任教练感情都很好。现在转去提高班了，教练很严厉、很凶，教学时一视同仁。我家小朋友自尊心很强，教练否定他的时候，他就委屈得掉眼泪。现在只要一上提高班的课，看到那个教练，他的眼泪就会掉下来，死活不肯上场。我能看出他的心里十分恐惧，整节课都显得非常紧张。请问林教授，作为家长，我应该如何选择？是否让孩子迎难而上，继续坚持上这个教练的课？

答： 建议继续上，克服恐惧是孩子成长的重要过程。可以先改变孩子与教练的接触方式。心理学有一种治疗恐惧症的方法叫"系统脱敏法"，就是通过一系列步骤，按照刺激强度由弱到强，逐渐训练心理的承受力，增强适应力，最终实现对真实体验不产生过敏反应，保持身心正常。建议请教练吃饭，或者主动带孩子去办公室拜访教练，再慢慢尝试让教练与孩子谈心，让孩子见到教练生活中的一面，慢慢建立信任。经过系统脱敏法治疗，孩子就会对恐惧有掌控力。

17

问： 尊敬的林教授，您好！周一大清早打扰您了，实在抱歉！我儿子今年读初二，一直沉迷于玩手机，晚上一两点休息是常态，导致第二天赖床，甚至偶尔旷课。对此，我们越是讲道理，孩子就越逆反。请问您，怎样才能让孩子远离手机，按时休息？

答： 我读初二时，迷上了电子游戏魂斗罗，为之日夜颠倒，被我爹痛揍多次，屡教不改。后来我爹说："允许你玩电子游戏，但必须约定时长与节奏，并且严格执行，我会根据你执行的程度进行奖惩。"在我爹恩威并施下，我迈出了培养克制力的第一步。我依然喜欢电子游戏，但知道只有克制才能获得持续玩的权利。如果任性为之，说一不二的老爹一定会让我失去所有。

当克制变成习惯，习惯就会开始展现出巨大的正面威力。后来在成长的道路上，我开始对人生一切沉溺有了克制力，无论是运动、饮食还是其他兴趣。这不是成年的我有多明白道理，而是某些道理已经成为无意识的习惯。

培养习惯比讲述道理更具威力，明白了这一点，你就掌握了教育的核心。

18

问：我在国企工作，公司来了新调任的副总，他对老员工的业绩从来不放在眼里，还贬低老员工，说各种不是，然后安排新的人进来。我作为老员工一直摆正心态，从容面对，做好自己的本职工作，但一直被排挤，做出的成绩不会被看到，工作中的微小问题都会被放大。我有想过离开，但孩子还小，目前还没到时候。国企又不是私人的，不是某个领导开的，为什么他能这样对待老员工？我该如何安慰自己？

答：心理学有一对重要的概念：反应与回应。前者指的是无意识的本能，后者指的是有意识的选择。每个人都能做到前者，但只有少数心智成熟的人能做到后者。

愤怒、怨怼、委屈、放弃属于前者，乐观、宽容、自信、坚持属于后者。我们的人生从来都不是由别人的态度决定的，而是当事情发生时，由自己选择的回应态度决定的。

我并不知道你与上司谁对谁错，但你要记住《论语》中的一句话："小人无错，君子常过。"就是当不如意的事情发生时，君子的第一选择会是内省，在内省中反思，在反思中调整，在调整中精进。而那些一事无成的人，则从来不认为自己有错。

别总想着是走还是留，而要想着如何才能成为一个真正的君子。君子何愁无天地，何愁无兄弟？

第十四章

做世界上第二快乐的人

不回头，不记仇

#问答林景新#

如果活着是为了快乐，那么容易感受到快乐的人天生就是赢家。

积极心理学告诉我们，幸福不是一种状态，而是一种心态。这说明，只要有好的心态，无论人生真实的状态如何，你都会开心。

比如有人说你长得难看，而你实际上是一个长得好看的人，那么对方的话就是妒忌，你完全不需要生气。如果你本来就长得难看，那么对方的话就是指出一个事实而不是污蔑，你更没理由生气。

这就是心态决定人生的状态。

人生要快乐，有一些原则是非常简单的，比如不要在晚上思考人生。工作一天之后，身体积攒了一天的疲惫和压力，心理已经有很大负担，加上晚上又有空闲胡思乱想，所以很容易得出"我是废物""人生无意义"的结论。最好的压力调适方法之一就是，晚上看看自己喜欢的闲书或影视剧，脑袋空空，轻轻松松。

01

问：林教授，我跟前任复合后感情没有变好，对方反而变得更加冷淡绝情，态度前后变化很大，我们又到了分手的境地。我想跟对方见面谈谈，但被婉拒了，最后他甚至连电话也不接，微信也不回复了。我内心有些崩溃抓狂，也在猜测原因，请问我该如何自度呢？

答：天要下雨，人要变心，由他去吧。每个人都会慢慢长大，有一天你也会推着婴儿车幸福地在街上行走。而曾经的喜欢，曾经的痛苦，都会幻化成风，消失在时光的隧道……再难过的事情，我们总有一天会笑着说出来，所以即使难过也要向前走。向前走，无须回头，也不要回头。世界上第一快乐的人是活在当下的人，第二快乐的人就是从不回头看的人。

不回头，不记仇

02

问：林教授您好，想向您请教：我女儿今年读高一，面临高二选科（物理或历史）。她对我说她对物理没有兴趣，但是高一花了很多时间在物理上，历史反而花的精力少，担心选了历史，起步比人家慢，很是纠结和矛盾。她现在的成绩是中上水平，我担心她选了不喜欢的物理，高二、高三会更焦虑。作为家长，我该如何和她沟通，让她自己选择呢？

答：学生的成绩好，有两种：一种是死记硬背，不求甚解；另一种是知识丰富，融会贯通。

如果你的孩子平时有自觉学习和大量阅读的习惯，并且思维活跃，爱交流，有独立的见解，那就属于第二种类型的学生。她现在喜欢历史还是物理，投入时间多还是少，你并不需要担心，因为懂得融会贯通的孩子理解力会很强，即使在某一个学科上分配的时间很少，也不会落后。你要这样相信，也要让她有这种自信。

自信，是通向卓越的开始。

03

问：在职场和生活中，我总是会不由自主地把心里的真实想法说出来，要如何做到说每一句话之前都有所顾忌，又交流顺畅呢？

答：口快不是直率，而是草率。就像这个38℃的夏天，打败我们的不是天真，而是天真热。

有些人讲话向来伤人，有些人讲话习惯温暖，这跟情商有关，更跟一个人心的能量场有关。心能量低的人，讲话时喜欢怀疑、否定、讨嫌、攻击；心能量高的人，讲话时会带有肯定、欣赏、理解、包容。你并不需要去学习什么语言表达技巧，而是要提高你的能量场，让自己变得更宽容、更温暖、更慈悲，一切的问题就能解决。

04

问：您好！我是一名公务员，今年34岁，做工作也算勤勤恳恳，在一个部门工作了7年多，专注于一类项目，也算做出了一些成绩。做出成绩后，部门就安排人员出去交流经验，但永远没有我。领导告诉我，这是对我的一种保护。我一直不能理解这种操作，没有功劳也有苦劳，是我太差了不够格还是怎么的？

答：在职业成长过程中，我们既不要高估自己，也不要轻贱自己。在成绩面前，领导从不推荐你，有可能他低估你，也有可能他妒忌你。无论哪一个原因，对你其实都是好事。

如果他低估你，就不会对你有戒备心与打击心，因为你对他的职位构不成威胁，你可以放心自在地工作，积蓄实力，等待机会。

如果他妒忌你，说明你的才华已绽放光芒。能让领导妒忌的下属，都是未来更高职位的候选人，他人的妒忌是自我才能最好的明证。

所谓的自由，就是不再执着于别人是否认可。心理学家阿德勒把它叫作"被讨厌的勇气"。用自己的坚定，走坚定的路吧。是金子总会发光，不是需要被发现才发光，而是他们本来就是金子，闪闪发亮。

05

问：我是一名社区书记，社区工作人员不多，有一个45岁的女性工作人员总觉得自己年龄大，什么工作都不想干，总想把自己的活推给年轻人。在社区里，谁都不爱理她，她干一点活都得找我帮忙，和她一起干。这样的人我还应该把她留在社区吗？

答：人生的快乐就是和睿智的人聊天、和靠谱的人共事。

在社区这种基层单位，工作内容琐碎而量大，所以工作态度与担当精神胜于一切。如果一个职员缺乏以上两点，他就会成为一个做事不靠谱的人。

一个做事不靠谱的人，不仅会拖累组织的效率，还会影响原来做事靠谱的人的工作积极性，最终把工作氛围变成人浮于事。

让不合适的人离开，这对某个人来说或许是一种残忍，而对余下的多数人来说却是一种慈悲。他们的不满可以得到解脱，他们的精神可以得到振奋，组织的奋进动力从此重启。

06

问：林老师，您好，我在一个讲座上认识您，喜欢您的睿智和幽默，今天冒昧打扰您。我是一个只想安安静静做好自己本职工作的人，从来不想去和别人争抢什么，阿谀奉承也不是我的强项，但是总会有一些人喜欢踩在别人头上往上爬。请问面对职场的钩心斗角该如何自处？人不犯我，我不犯人；人若犯我，我必犯人？期待您的指导！

答：心智成熟的人有三个特点：**不与他人作比较、不背后说是非、不无谓怜惜自己。**

理解了这句话，你就会明白，要走好人生漫长路必须警惕三种心：妒忌心、是非心与自怜心。这三种心会摧毁我们原本应该自强的努力，而陷入责怪他人的泥潭中。把关注他人钩心斗角的眼光收回，把观察别人阿谀奉承的精力收回，全神贯注地提高专业能力，全心全意地继续精益求精。半年后，你所烦恼的一切将会自动消失。不是职场里人性变好了，而是你的关注点变化了。

聪明人只在乎自己如何进步，而不在乎别人如何钩心斗角。

07

问：林老师您好，好不容易培养起来的中层管理者想当一线人员，不想做管理，是应该鼓励和引导其继续坚持，还是应该转方向重新选拔人才来培养？

答：管理学中有一个著名的现象叫"守寡式职位"，指的是一个人在组织中只要表现突出就会不断升职，然后升至他无法胜任的职位，最终被废黜。有些职位的职责设立不合理，就会变成黑洞，吞噬靠近它的人。如同把一个擅长技术的人员升去做销售，把一位学术成绩优秀的教授派去做行政管理，这就会让人产生退却之意。

面对"守寡式职位"，意识敏锐的人会选择拒绝，以求明哲保身或自在从容，而迟钝的人会因贪图诱惑最终铩羽而归。

我建议尊重人才的选择，不必鼓励决定转岗的人坚持，而应重新培养适合岗位的人接任。

08

问：林老师，我跟男朋友的父母吃了一顿饭，男方父母对我的评价是中上，以及脸上有颗痣不太好。虽然他们没有反对我们继续交往，但是我的心里很不舒服，我应该如何自洽呢？

答：去男朋友家里见父母，最重要的不是听他父母说什么，而是看他们对待你的态度，准确一点来说是他们在你面前的自我优越感有多强。如果他们的自我优越感很强，你就算脸上没痣，他们也能找出嫌弃你的其他地方。即使你很爱男朋友，日后嫁入他家，在有强烈优越感父母的不断挑剔下，感情有一天也会崩溃。

多注意男方父母注视你的眼光吧，如果能感受到温暖、宽容、理解，你就放心嫁入他家。如果他们望向你的眼神有挑剔、嘲讽、欲言又止的不满，建议你放弃这段感情。儿子拗不过父母，就像理想总斗不过现实。

09

问：我在医院办公室工作，上个星期，领导安排一个文秘岗的小姑娘让我带，但是我非常抵触这件事情，原因有二：一是这个小姑娘没有经过医院招聘领导小组的批准，是某位领导硬塞的；二是据这位领导说，她是我们直属上级领导的侄女。我不知道该怎么带这个人。另外，这几天接触下来，我觉得她不是来学习的，而是来指导我的！做事是挺积极，但是急于求成、急于表现。这搞得我现在上班心情都不好。林老师，我该怎么办？请您在百忙中给予我指导，万分感谢！

答：生活中，我们会遇到两类人：你很想见到的和你很不想见到的。这是生活的必然规律。既然是必然之事，就没必要为之纠结。

因为是必然，所以要超然。如果能做到超然，你就开始超越烦恼了。

早在两千多年前，庄子就提出了两个超然之道：用心若镜、与物为春。

用心若镜：我们的心要像镜子，观照万物，但不为万物所动。你恪守职责，别人何如，与你无关。

与物为春：抛开二元分别心，待人接物如春天般温暖。待人如春，你便生活在春天里。

10

问：我儿子今年12岁，读六年级，学习成绩中等偏上，我感觉他的智力还算可以，就是太自负，典型的"井底之蛙"，回家从来都不学习，我焦虑极了，不知道怎样引导才好……

答：爱玩、顽皮是孩子的天性，只要成绩出色稳定，就不必太干预他们汲取知识的方式，因为学习不只是写作业、看书这些方式。

在印刷术发明之前，人类获取知识的方式是多元的：在观察中获得灵感、在对话中获得智慧、在游戏中获得体验、在思考中获得总结。而孩子就是人类进化天赋才能的最好代表，思维特别活跃，所以他们获得知识的方式比成年人更多元。思维活跃的人，何事不能累积知识？思维活跃的年纪，何事不能带来快乐？人到中年的你，必须声色犬马才能快乐一时，而思维活跃的孩子观察雨中爬行的蚂蚁就能快乐一天。

做一个能与孩子一块玩乐的朋友，而不是做一个只会指挥他的父亲。首先要理解孩子，才能引导孩子，最后才能成就孩子。

11

问：林老师，您好，在工作中要如何与虚伪的人共事，希望得到指点。

答：职场如江湖，每个人都是为了活下去而竭尽全力，你认为他虚伪，说不定他认为你矫情……事情没有绝对的对错，人也没有绝对的好坏。好好去努力，好好去赚钱吧，赚钱能治愈一切矫情，花钱能治愈一切忧伤。

12

问：林教授，晚上好！冒昧打扰，有个困扰我很久的问题想听听您的高见：我老公是一个非常严苛的人，出房间忘记关灯、用了东西没有放回原位等小事，他也会严厉地批评指责；日常生活中，稍有麻烦也会发脾气，譬如约定地点没说清楚，他见不到人就会不耐烦地自己开车走掉，让我自己打车回家；闲聊时说点自己的烦恼，譬如好不容易调到之前羡慕的岗位，又有点抱怨工作太忙，他会说"是你咎由自取""活该"之类尖酸刻薄的话。面对这样一个严苛的老公，很多时候我觉得很难忍受，经常忍不住就被他带节奏大吵起来。

三天两头我们就会因为一些鸡毛蒜皮的小事争吵，情绪消耗得很严重，我经常产生离婚的念头，但又怕对孩子造成伤害。请问我应该遵从自己的内心勇敢逃离，还是为了孩子继续忍受呢？

答：成年人的性格基本无法改变，只能互相忍受或者改变关系。

无论你是想继续这段关系还是分开，你都必须承认：丈夫今天吹毛求疵的性格，是经过你的默许的。如果没有意识到这一点，无论你走进任何一段婚姻，都会有同样的遭遇。

13

问：为什么我总会把事情往坏的方面想？比如看到网上谁家小孩生病了，在无奈又同情的时候，老是会联想到自己万一遇到这种情况该怎么办……然后就造成对生活中的很多事情都格外小心，感觉活得很心累。这是不是我自己在内耗，还是我的心态出了问题？烦请给予指点。

答：活到一定阶段，每个人都会主动或被动接受许多东西，然后无端生出许多感慨，这是我们心累之原因所在。

敏感的心灵会在生活的泥淖里陷得深些，粗糙的心灵陷得浅些；悲观的心灵会得出人生是徒劳的结论，乐观的心灵总相信我们终会前进。你不必太在乎这些感知，它们不过是敏感心灵定期喷发的结果，不代表心态有什么问题，反而能让你不断丰富和加深自我认知。

14

问：林老师，我是山东人，有自己的事业（农资销售）。我作为村书记，今年考上了城里的事业编制。现在有千万家业等着我继续做，考上以后生意可能越做越小。我该如何考量，如何处理？

答：不用考量，我建议你选事业编制，因为这样你既有"铁饭碗"可以端，又有千万家业垫底。

从你提问的犹豫上考量，你并不适合干事业。因为干事业要有一往无前的勇气、毫不退却的坚持、从不比较的决绝。成功的企业家，他们干事业的道路不是比较出来的，很多时候是逼出来的……

性格犹豫的人，如果有第二种安稳的选择，一定不要去干事业，因为最终可能事业没干成，千万家业不保，"铁饭碗"也没了……

15

问：作为班主任，有学生当众顶撞我，不听从指挥，我该怎么处理？

答：在教育界，有一个很出名的李叔同鞠躬的故事。在浙江某师范院校上课时，李叔同发现一个学生在偷看别的书。课后，他用轻而严肃的声音对学生说："下次上课时不要看别的书。"说完，微微一鞠躬。学生站在原地，羞愧难当。有人上课讲话，有人不遵守纪律，李叔同也同样如此鞠躬，请他们自律。

"宁可受校长一顿骂，不受李叔同一鞠躬。"这是当时该校流传的一句话。教育不是教导，而是感化。前者是弱小言语的说教，后者是强大榜样的力量。

下次学生当众顶撞你，你试试向他鞠一躬，温和地沟通。即使他没有被你的温和感动，你也可能被自己的大度感动了，这时你可能眼含泪花，语带哽咽……这一刻全班同学一定都被你的真诚打动，接下来顶撞你的那个学生就尴尬了，全班同学都会向他投去异样的目光……

相信我，这个逻辑是成立的。

16

问：林老师，您好，曾有幸在中大聆听过您的课程，一直关注着您的动态，现在每天看您的朋友圈已经成为我的一个习惯，从中受益良多，非常感谢您！今天，我有一个困扰多时的难题，希望得到您的指点。我的孩子去年考上了一个还算不错，也是他当时一定要上的211高校，可一年下来，孩子在学习上完全像变了个人，曾经那个意气风发、学习积极主动、有目标、有理想的孩子已经渐渐远去，对学校、对专业有各种不满（我也不知道他是不是真心不满），每天大部分时间不是在学习，而是在睡觉和打游戏。以前的孩子不是这样的啊，为什么会变成这样了呢？我不知道要如何与他交谈，不知道如何让他改变现在的思想状况，不知道如何让自己放下对他的担忧，我该怎么做？请老师指点一二，谢谢老师！

答：心理学有一条重要的原则叫"六度原则"：我们的价值观、社会成就、智商甚至体重，是身边来往最密切的六个人的平均值。年轻人的思想未完全定型，受这条定律的影响更甚。

父母要改变孩子的思想与行为，就去改变他的六度朋友圈，或者引导他的六度朋友圈。要做到以上，前提是你必须融入他的朋友圈，真正理解他，倾听他的心声，支持他的某些决定，包容他的某些想法。

17

问：我父母在生气的时候情绪和言语都比较偏激，我昨晚被臭骂了一顿，一想起就胸闷气短，觉也睡不着。请您指点一下，我该怎么走出阴影？

答：让我给你讲一个故事。

每天早上，我总看见邻居周老师夫妇手牵手在楼下散步，甜蜜和谐。但你绝对想不到，他们晚上总在家里吵架，知识分子生起气来也骂人，而且骂得入心入肺，不比普通人高雅。

这对高级知识分子是我见过的最爱争执的夫妻，但也是最容易和好的一对。无论昨夜多么风急雨骤，一到早上必成风和日丽。

我隐约明白了人生美满的原则：记性不好。

你理解了这个故事，就理解了与父母的相处模式。

18

问：在我怀孕期间，我丈夫出轨了，对方是一个女企业家，离异单身，我丈夫说她有在公司投资，所以没办法断得干干净净。这几天我发现她居然偷偷加我小姑子的微信，假扮朋友接触我的婆家人，还给我发信息刺激我。我的孩子还小，才十个月大。我和我丈夫平时关系很好，我甚至感受不到他对我有任何不忠。

我现在的困惑是，我丈夫说要把她投入公司的资金都抽出来还给她，以后断绝一切往来，但是因为资金已经投到项目上了，要还钱的话必定要从家里拿钱出去。那个心机深重的女士一直给我发信息挑拨离间，说她并没有那么多资金投在公司，一切都是我丈夫的谎话。我到底该相信我丈夫还是那个没有道德的女人呢？可能我内心还是怕被最亲近的人背叛，既失去了爱情，又失去了面包。

答：人性是多变的，人心是莫测的，我们的人生大厦不能建立在这些不确定的根基上。当下，你最应该做的就是征求律师的建议，并着手在不确定性中寻找相应的确定性，比如保存对你有利的证据、要求财产公证、要求对方上缴出轨保证金、进行不动产的法律保护等。不要祈求人心不变，那只是弱者的自我安慰。强者只求消除不确定的风险，并控制局面。

第十五章

人间清醒

清醒时做事，糊涂时读书

#问答林景新#

一年前，有个创业家朋友来找我，她怀疑自己得了抑郁症，从失业说到失恋，从减肥失败说到投资失败，念叨了一个早上。

"我有病，抑郁症，应该去看心理医生，得吃药。"她说。

我安慰她："你不是得了抑郁症，只是真的惨而已。"

她愣了一下，想了一下，然后狂笑了半个小时，说："林，你真是人间清醒……我是不应该轻易怀疑自己心理出问题，有时只是很惨而已。"

从那天开始，她不再怀疑自己有任何抑郁倾向，意识到只是暂时运气不好。后来她努力调整业务方向，也调整自己的心态，慢慢走出了困境。

人生有时需要鸡汤来振奋，有时需要毒鸡汤来唤醒。

"条条道路通罗马，但有些人一出生就在罗马。""不努力一把，你怎么知道什么叫绝望？""只要人生一直走下坡路，你就不会跌到谷底。"你看这些话，让人多么清醒。

人生难得几回醒。

01

问：林老师，我的独生女今年大学刚毕业，在一个单位上班，跟我们一块住。她最近迷上养体型庞大的缅因猫，而且是两只。我们强烈反对，要她送走猫或者她搬走，女儿对这两点都强烈反对，这段时间我们互不理睬。作为父母，我们该如何与女儿沟通？

答：一个人的行为都是对被压制欲望的补偿。喜欢养宠物的人，通常内心孤独。当一个人无法从家庭中感受到足够的温暖和内心宽慰时，他就会转向对宠物的依赖。

作为父母，你可以协助女儿多创造社交机会（比如鼓励她加入社团或者读在职研究生），让她慢慢在精力分配上转向其他，减少对宠物过度的爱。

当然，最终解决之道还是高质量的亲子沟通，你们要多创造共同爱好，多安排温馨的家庭活动，让爱与关心成为家庭的文化氛围。这样，即使女儿再爱猫，也会因为更爱父母而愿意放弃猫。反之，即使你们夫妇再讨厌缅因猫，也会因为爱女儿而愿意接受它。

爱，就是心甘情愿地牺牲。

你们的分歧不是猫，而是没有唤醒彼此内心的爱。

喜欢养宠物的人，通常内心孤独

02

> **问**：林老师假期好！想请教您一下，我36岁，金融行业中层管理人员，感觉自己的职业生涯规划变得模糊，思考能力、看待事物本质的能力停滞了。虽然工作节奏快，但成就感很低，甚至在工作中自我感觉多是一种内耗的状态。我在想是不是应该系统地读书深造（比如MBA），来改善一下这种状态。想听听您的意见，盼复，谢谢！

答：在拉丁文中，教育的原意是"引出"，这说明学习可以引导人从旧习惯、旧经验、旧认识中离开，升级眼界与维度，从而获得新的灵感与认识世界的方式。

学习不应该是一种阶段性行为，而应该是一种习惯性动作。

当一个人停止学习时，人生的宽度就会被圈定在原先的习惯思维中。而习惯会裹挟我们，让我们排斥以前排斥的、无视原先无视的，这就是人生格局变得狭隘的根源。只有持续学习，保持思维的灵敏，人生才能不断焕然一新。

去读书吧，无论处于人生什么阶段。学习能带来习惯的抽离、认知的提升，更重要的是给我们带来精神自由的思维。没有精神的自由，就没有人生的自由。

不应该停止学习，即使人生苦短。不应该停止热爱，即使有一天生命戛然而止。

03

> **问**：老师，您好！我遇到了一件很难的事情，想请教一下您。我弟18岁就做爸爸了，现在他的女儿已满16周岁，初中刚毕业就谈恋爱，不继续上学，也不回家。我弟、我姐都再三请求我的帮助，我思来想去还是无能为力，不知道从哪里下手，但我也不能袖手旁观。我弟是一个没责任心的人，把婚姻当成儿戏，可怜的是孩子。我那小侄女长得很漂亮，一米六五的个子，现在乡下的大排档做服务员，跟一群社会上的小混混玩在一起，不听父母的话，只相信外人，不回家，也不接电话。作为父亲，我弟该怎么办？

答：一个孩子的行为出现偏差有两种原因：缺乏父母关注或者父母压制太多。教育心理学有一个原则叫**"你眼中的问题，恰恰是孩子的解决方案"**。家长讨厌孩子结交不学无术的朋友，孩子有时却是从这群人身上获得家庭所没有的关注、肯定、陪伴甚至是温暖。所以，家长单纯的训斥是不会取得效果的，提供一个符合少女成长需要的解决方案才是关键：关注孩子的日常，陪伴她成长，肯定她的进步，温暖她的落寞。

在沟通的技巧方面，与孩子对话时要记得四个原则：责备的话中要带有抚慰，批评的话中要带有赞扬，训诫的话中要带有推崇，命令的话中要带有尊重。

以上这段话，先让你弟弟读懂，让他明事理，才能教育好孩子。我觉得不是姑娘有问题，而是你弟弟不负责任。

04

问：我有个女性好友，她离异带着儿子，儿子现在读初一。今天她又因为儿子偷偷玩游戏，和他生气，哭了一场。儿子也生气，不吃饭、不理她，说别人家孩子可以玩，而自己只有暑假和寒假才能玩几天……朋友一直说不能放纵孩子，说他玩游戏已经上瘾了。现在他们母子关系很紧张，互相都有点绝望。我既担心，又替他们难过。她应该如何做，才能改变彼此对立的关系呢？

答：心理学有一种现象叫"投射"，就是人们无意中会把对A的情绪叠加在B身上。离异母亲最容易出现的投射就是把对前夫的爱或者恨转嫁给孩子，最后变成溺爱或者过度严苛。教育与爱一样，恰当的分寸感是最有效果的，干涉一切或者纵容一切都容易毁掉孩子。

要解决母亲与孩子的矛盾并不难，只要她把聚焦孩子的一半精力转回自己：去阅读、运动、弹琴、歌唱、听讲、远行……一个好学的妈妈、积极的妈妈、开心的妈妈，身边会有一个同样的孩子。

何谓教育？教为引导，育为榜样。你让你的朋友读读张爱玲描述扭曲亲子关系的小说《金锁记》，如果她泪流满面，那么她的人生一切皆可改变；如果她毫无感觉，那么她可能就是剧中主角。

只要投射存在，母亲就会把孩子扭曲成自己意志的牺牲品，而不是让孩子成为他自己，矛盾的对立永无解决之道。

05

问：林老师您好，打扰您了，恳求您指点一下。去年我犯了错，后来离婚，净身出户。但我们离婚未离家，我努力回归家庭，至今一年了。可是我前妻一直放不下去年的事，基本一两周就会有意无意提及此事，还让我滚。我们两人都挺难的，感觉在内耗，每次都是分也分不开，过也过不好，很崩溃。我们有两个孩子，已经读二年级了。我一直想回归家庭，也在努力，去年错在我，我从没推脱过，但事情已经发生，无法重来。我该怎么办？

答：在感情矛盾处理中，男孩与男人的区别就是：前者忙着证明自己，后者忙着照顾他人。有些男人一辈子都是男孩，无论他多少岁，都是喜怒无常、自我中心、随意行事。

去做一次真正的男人吧，真正做到无我、无怨、无功利心。如果忍辱负重可以体现最大的慈悲心，你就把姿态低到尘埃里去，诚恳接纳太太的每次批评，加倍照顾好家庭，努力求得她回心转意。

如果勇敢决断是最大的利他，那就放下一切，诚恳道歉，默默离开，让安静重归彼此，让怨恨得以终止。婚姻中怨怼的彼此，会制造一种巨大的负能量场，对所有人都是深深的伤害。

一个人可以失去一切，但不可以失去对生活的希望、信心与热爱。重新鼓起希望与热忱吧，要相信诚心可以改变一切。

06

问：我女儿一直在广州读书，等于没离开过家，今年本科毕业考到外省读研。这几天她常说很想回家，哭鼻子。我很担心，我是该硬下心来不管她让她慢慢适应，还是常给她打电话关心她呢？我该如何做才更有利于她适应新环境呢？我知道这是很幼稚的问题，但确实困扰着我。期待您方便时指点我一下，打搅您了！

答：一个人是欢笑还是哭泣，有时对应心情好坏，有时只是习惯性动作，就如有人喜欢皱眉、有人喜欢眨眼一样，跟悲欢无关，只跟习惯有关。女生爱哭泣，是一种习惯，并不代表真的有强烈的悲伤涌现，也并不代表一定需要安慰，她们有时只是希望有人倾听，接纳她们的善感。你要允许女儿哭泣，静静听她述说，然后平静地告诉她奥地利诗人里尔克的名言：挺住就是一切。

昨天我吃了一块三明治，心情不太好。今天我又吃了一块三明治，心情却很好。人生就是这样，心情一会儿好一会儿不好，天空一会儿下雨一会儿晴朗，不必在乎。

成年后爱哭的人，其心理自愈力是很强的，这种人不会得抑郁症。告诉你女儿，我很羡慕她，因为10岁之后的我从来没哭过，所以有时我得倾尽毕生所学，才能艰难对抗人生的负面情绪。

挺住就是一切，共勉吧。

07

问：我和我妻子在同一个区县税务局工作，妻子通过了省局遴选考试。如果她去省局工作，就意味着我们要两地分居，在不同的城市工作生活；可是不去，可能会影响我们未来的发展。

我太太已35岁，家里有两个不到5岁的孩子，双方家里老人均已60多岁，都在我们所在的城市生活，且身体均不好。她如果去了，未来至少半年会很忙碌，照顾不了老人和孩子，我也需要尝试跨市调动（这对于我来说是难于上青天）。妻子愿意以家庭为重，接受放弃的结果，可是我又怕放弃会断送妻子的未来，影响她的发展，而且在省局工作，对妻子和孩子的未来可能有更多益处。我很纠结，请问林教授，对于这个问题我们该如何处理呢？谢谢！

答：生活应该正着去过，倒着去理解。5岁时因某一个选择而犹豫，就设想65岁时倒回去看这个选择。当命运伸出来自高处的橄榄枝而你未接住，多数人日后只会后悔不尝试，因为人生最大的遗憾就是四个字——我本可以。

既然机会的曙光照耀，那就坚定信心，排除万难，去争取更好的发展，而不必担心这担心那。**人生唯一要担心的只是一生碌碌无为，还安慰自己平凡最可贵。**

08

问：林老师，近来家遇变故，父患顽疾，日见少！猛回头，吾已渐老，儿也成年，父母显老更甚。纵知人有生老病死，如今自要面对，种种回忆，油然而生。本是忧愁性情，更不堪伤感离别。滋味甚苦，如何豁然面对？

答：1918年，李叔同在虎跑寺出家，他的太太悲伤得无法自拔。李叔同在给太太的信中写道："人生短暂数十载，大限总是要来，如今不过是将它提前罢了，我们是早晚要分别的，愿你能看破。"

人生就是一场漫长的告别，只是有些人将其提前。只要问心无愧，那就坦然接受每一次告别。

去做个无愧于心的人，对父母尽孝，对子女尽责，对所有人尽心，人生的忧愁自会慢慢消散。

09

问：老师，您说人要活在当下，我也知道，但是一直纠结于过去，出不来怎么办？我老公说过去的为什么还要提？可事情是过去了，但造成的伤害我过不去。

答：我们想抵达幸福的彼岸，首先要明白痛苦的根源是什么，找到痛苦之因，挖出来，烧掉它，苦息乐来。

物理学的反作用力告诉我们，你越想忘记一段记忆，反而印象越深刻，放下不是逃避，更不是欺骗自己，而是直视并透视它。透过存在看本质，超越情绪看人生，你就会发现每件事情都有积极的意义，没有失去，何来得到？没有痛的分离，何来喜悦的相聚？即使是死亡，也能带来万物更新。

去直视伤害吧，不视而不见，不假装忘记，默默注视，你会慢慢看到积极的意义从伤害的火苗中升起，涅槃的平静在内心开始出现。

10

问：教授，您好，我上周听了您的危机管理课，很受启发。现在我有一个困惑，希望您能给予一些建议。我之前做了5年营销策划，一直在做营销这一块。今年离职后，我想找一下餐饮行业的工作，深入学习几年后再自己做。我比较喜欢这一块，家里人也有做。但是，今年的就业环境是供大于求，离职2个月了，我投的简历都石沉大海，找人推荐，机会也不太多，面试了几家，都没准确消息。我应该怎么办呢？

答：经济下行期间，找到一份满意的工作不容易，你需要更多的耐心。我建议除了锁定你的目标行业——餐饮行业之外，相关行业也多试试，提高成功率。如果你真的特别喜欢餐饮行业，希望为以后自我创业作铺垫，那可能需要降低要求。暂时赚不到钱，就赚经验。暂时赚不到经验，就赚经历与资历。只要具备了经验、经历与资历，以后赚到钱就是必然之事。

求职道路漫长，**你必须接受失望，因为失望是有限的；必须怀抱希望，因为希望是无穷的**。请对自己多一份信心，要相信美好的一切正在发生。祝你好运。

11

问：一直以来都有一个问题困扰着我，求解！一个不好的人或者一件不好的事，当我说不好的时候，过一些时间好像开始变好了；一个好的人或者一件好的事，当我说好的时候，过一些时间却发现没那么好，反而很坏、很恶心。世事多变，还是人性多变？

答：每个人身上都有三种特性：神性、人性与兽性。每天这三种特性对应的念头都在我们头脑中翻滚，哪一种念头浮现时，我们就表现出相应的状态：有时是文质彬彬的好人，有时是千人一面的普通人，有时是面目狰狞的坏人。

成长到一定年纪，你就会发现，人性其实基本没变，变化的只是人与人的相处。比如不要抱怨你的男人不再是暖男，其实他一直都是暖男，只是不再暖你而已。

12

问：老师，我之前在暨南大学管理学院听过您的公开课，班上同学都非常喜欢您！现在有一个问题想问问您。

我公司上周有一个女员工遭遇了不幸（遭遇入室盗窃并失去了生命），现在我们还没有跟公司的员工去说这件事情（一方面是上周在配合警方调查，另一方面是在帮助家属处理后事）。这个女生在公司的表现一直都非常优秀，人缘也很好，公司的人这段时间都在问这个女生的情况。想问一下林老师：什么时候跟大家说这件事情比较合适？宜早或宜迟？应如何去说？怕大家会有心理创伤。谢谢！

答：危机管理有一个基本原理叫"三度原则"：态度、速度与透明度。这说明，要控制一件坏事不要变得更坏，不致引发恐慌和谣言，就必须尽快公开，让公众知道发生了什么，公司对此做了什么。

我建议以最快速度告知大家此事，而且是用严肃、正式的方式当众告知，而不是书面说明，并定下追思会的时间，印制一批卡片，让员工们到时能借此书写感怀，缅怀同事，疏导自我。每个人都有三重生命：我们的生物躯体、他人对我们的生命记忆、随身之物对我们生命的含义。死亡不是真正的逝去，被遗忘才是。只要被记得，生命将无限延伸。

谁说离开就寂静无声，有些思念震耳欲聋。

13

问：我是一个二胎妈妈，小宝四个半月，大宝还没满2岁，本来就爱哭的大宝更是提前进入了俗称的"魔鬼的2岁"，会随时随地莫名其妙地哭。我可以理解她那么小就不得不和弟弟分享全家人的爱和关注。这段时间，我哄睡小宝之后，即使很困、很累也会陪她，希望她开心。可是我感觉自己越来越烦躁、越来越没有耐心了，时不时忍不住吼大宝，甚至有时也想大喊大叫发泄出来。我不断提醒自己不要吼小孩，知道这对小孩的伤害会很大，于是压抑着自己。但是有时真的忍不住，吼完之后我心里更难受，似乎陷入了一种恶性循环，很无奈、很累，不知道怎么调节。请教林老师，我该怎么做呢？

答：心理学有一个现象叫"别想那头大象"：当你越告诉自己不要在头脑中想一头大象，大象的样子越会出现。越执念不要有某种情绪，那种情绪就越会循环出现，因为情绪只能疏导而不能压制。压抑的情绪会短暂从表面消失，其实只是转入潜意识，变成另一种更严重的内在摧毁力，比如摧毁身体免疫力。调节情绪的有效方式就是情绪接纳：有事转化、有人共鸣、有情可抒。简单地理解就是：投身工作、与挚友交流、培养爱好。

最后的建议就是：可以带娃，但不可孤立自己。连接世界，丰盈内心，烦躁自然消除。

14

问：如果你的好朋友要跟一个人品不行的人在一起，你会不会死命劝她？

答：有一次，我经过一家水果店，看到招牌上写着"皮爬15块"。我告诉老板："写错字了，是'枇杷'。"老板对我说："谢谢，枇杷是刚来的，要不要买一点？"我喜欢老板的诚恳，买了两斤。

第二天经过，我看到店里还是写着"皮爬15块"。老板讪讪地说："先生莫怪，我是故意写'皮爬'的，这样那些好为人师的人，每天都来买走好多斤呢……"

这个故事说明，你看到的事情，不一定是事实。你认定的错误，或许在别人看来是正确的。除非别人主动询问你的意见，否则不要好为人师，这是我人生最大的感悟之一。

15

问：林老师，您好！看到您的朋友圈解答很幽默风趣，想找您开导一下最近有点焦虑的我。我刚生了二胎，大儿子刚好3岁，上了一周幼儿园，他每天都在我耳边念叨着不去上幼儿园，我很担心他会以为我有了弟弟就不要他，把他推到幼儿园去。另外，因为我实在分不开身，大儿子主要由奶奶照顾睡觉和吃饭，奶奶是性子急的人，小孩一不听话她就吼，不行就打，我实在受不了她这样对我儿子。但是等我冷静下来时我又想，老人家也是花了很多时间和心思来照顾我们，我便不好意思开口说她。请教林老师，我该怎么办呢？

答：在孩子教育中，手段为因，成长为果。除非孩子的个性出现问题，否则不必太关注婆婆教育孩子的方式。3岁孩子太小，无法完全讲道理来说服，适度的硬化教育方式也是可取的。只要孩子的成长合乎你的期望，那么婆婆相对急躁的教育方式可以忽略。

好的家庭教育有时需要一种微妙的平衡，母亲如果严厉，那么父亲最好温和；父母如果慈爱有加，那么祖辈不妨严厉稍许。过度的宠爱，会让孩子失去敬畏。过度的严厉，会让孩子失去温暖。

要像春天般温暖地去爱你的婆婆，就像她全然爱你的孩子一样。一个一直被世界善待的人，必然会善待他人，特别是身边人。

16

问：景新老师，您好，想向您求助：我儿子10岁，读五年级，每天有15分钟的游戏时间。我知道这对孩子来说显然不够，但为了视力不得不规范他，但是我发现他总是背着我半夜玩游戏。我该如何教导孩子呢？其实假期和平时放学后我都鼓励他去户外活动，跟同学一起玩，因为眼科医生建议多去户外。他的学习呢，是中等，我本身也没那么"鸡娃"，就是不知道玩游戏这方面该如何处理，请老师指点一二。

答：有个念高一的男孩沉溺于玩某款电子游戏，他的父亲无论如何劝说都没有效果。他很纳闷：为何孩子这么着迷于这款游戏？于是，他花了一周时间去熟练上手，并且尝试跟孩子联机合作，孩子又惊又喜。成为"战友"之后，孩子对父亲的感觉从纯粹的畏惧转化成敬佩，对父亲教导他的话也开始听得进去。这个故事不是让你也去学会玩游戏，而是让你用平行视角去看待孩子的世界，用他们的语言去沟通，用他们的方式去理解。

要阻止孩子玩游戏几乎是不可能的，但我们可以引导孩子学会控制自我，最终实现延迟满足。能够忍住欲望最长时间的孩子，最终必成大器。孩子每戒掉一次半夜偷玩游戏，你就立即给予相应奖励，反之就严厉惩罚。教育的关键就是培养孩子延迟满足的习惯，忍住诱惑，就隔离了一切负面行为的养成。所以，用你的耐心、恒心以及必要的狠心去感化孩子吧。

17

问：我31岁，女朋友30岁。由于我臀肌挛缩，半年前见她父母时被他们说走路不雅观，她亲戚也在她父母面前说我走路很难看而且治不好。虽然我周边的所有亲戚朋友都说我走路正常，但是上个月女朋友就是要我做手术，不做手术就分手，就是不爱她。医生说手术可做可不做，我认为手术伤身体，拒绝了她。于是，女朋友把我的微信拉黑了，直接说我心理不成熟，要我将她的衣物寄回去，我很难受。

我咨询过心理老师，说我女朋友小时候父母离异，现在有了后妈，她一直被她爸惯着，不太会换位思考。打扰您了林老师，不知您能否指点迷津？

答：当年徐志摩热恋林徽因，但林徽因深思熟虑后还是选择了梁思成。后来徐志摩赋诗道："得之，我幸；不得，我命。"

这世上有很多问题没有答案，所以心智成熟的人从不站在道德制高点评判别人。反之，努力不得之事，会坦承为天命。

尽人事，听天命，就是最好的人生态度。每个人都有自己的选择，你不必去分析她的原生家庭，更不必去揣摩其心理，这些不过是徒增烦恼。

请你记住徐志摩的这段话："一生至少该有一次，为了某个人而忘了自己，不求有结果，不求同行，不求曾经拥有，甚至不求你爱我，只求在我最美的年华里，遇到你。"望你释然。

18

问：我有个朋友离婚多年了，受父母婚姻失败的影响，他女儿一心想去英国留学，高考考了个普通的二本学校（办了休学一年）。英国留学费用居高不下，家里目前只能拿出2年的费用，后面如果她想继续读书，所需的费用是无法支持的。她女儿也清楚这点，说家里不用给她留房产，把房子卖了供她留学就行，国内考上的高校她是不会去读的。因为这事，朋友和前妻家矛盾很深，因为对于两边来说女儿都是独生女，他们担心花了那么多钱出去，最终会不会人财两空。是尊重孩子的意愿，还是不让她出去？请老师给点建议。

答：当人生出现艰难选择时，请用慈悲心而不是功利心去看待，答案就自然浮现。

功利心是占有、自我，慈悲心是利他、无我。当一个人自我时，选择就会面临艰难，因为他时刻在计算投入产出比。即使此刻他女儿不出国，这个父亲依然会纠结其他：买房、学费、嫁妆，哪一项不是烦恼的根源？

如果这个父亲有慈悲心，无论女儿孝顺或忤逆，他都一样看待，一样欢喜，他时刻只想女儿成为一个更好的自己，而不是把她当成他独自占有的女儿，时刻计算投入每分钱的回报率，烦恼就会消失……无论女儿在不在身边，他都会因为自己的付出而欢喜。

最重要的人生选择，答案都在自己的内心，不需要询问任何人。只要真诚地观照内心，按照慈悲心的指引，人生的选择就会清楚地摆在面前。

第十六章

重要的不是治愈，
而是带着病痛活下去

万物皆在治愈你

#问答林景新#

多年前，在高考的前一天晚上，我正准备挑灯夜战，进行最后一次复习，门外传来敲门声，杨老师来了。

杨老师一进门就笑着对我说："林，高考成绩好坏不在一夜工夫，你今晚放松放松，我们聊聊天。"

杨老师是语文老师，担任了多年高三班主任，是一个和蔼可亲的人。他和我母亲曾一起在三都中学任教，母亲后来去了香港工作，就常托杨老师照料我的学业。

"大考在即，我知道你现在心情忐忑，你对考试有什么疑问，现在可以提出来。"杨老师说。

我满脑子都是明天高考的各种可怕情境，闭上眼就仿佛看到一堆长着尖牙利齿的题目向我扑来，想象数学试卷最后一道大题像钟馗道士一样，冲我发出狰狞的笑声……

"我今晚要是睡不着觉怎么办？"我讪讪地说。

杨老师仰天大笑起来，说："年轻人！不要说一个晚上睡不着觉不用担心，以你现在的年纪与精力，就算连续三天不睡觉都可以龙精虎猛。"他起身拍拍我的肩膀，微笑着走了。

当晚我一宿都没睡着，紧张得像有一头饥饿的狂兽在大脑中穷追不舍。但第二天早上，当我走进考场时，却没有半点紧张，因为杨老师昨晚已经告诉我：年轻人，一夜不睡，丝毫不影响正常发挥。

后来，心安的我顺利走过了高考这座独木桥。多年来，我一直记得那个夜晚，一直记得当我忐忑提问时，一个温和的中年人给了我一个肯定的回答。正是那个充满温暖的回答，像灯塔上一盏遥远的灯，让一个在夜路上恐慌着踯躅前进的年轻人有了坚定的信心，让他感觉夜不再黑、路不再遥远。人生多少关键时刻，只需要一点点信心，就可以改变命运。

近三年来，我每天坚持在朋友圈写作#问答林景新#，解读学生与朋友们的各种人生困惑，如果这些问答能累积一点点功德的话，愿这些功德回向给慈爱的杨老师。虽然他已经去世了，但他活出了写满答案的人生。

01

问： 林老师，我的原生家庭对我伤害很大。我的父亲好赌，父母在我4岁时离婚，父亲从此不再涉足我的生活，关心没有，生活费更是没有。我在亲戚间辗转抱养长大。最近我接到很多个催债电话，都是银行对我父亲的追债，说明他办理贷款时在亲属或联系人那栏写了我的电话。我很痛苦，为什么我会摊上这样的父亲？我很恨我的父亲，有时候也想一了百了算了，下辈子只做一棵没有感情的树。

答： 亲爱的朋友，很抱歉过了这么多天才回复你的问题，你的问题让我也同样痛苦。

只要活得足够久，你就会发现，人生的痛苦无穷无尽。但如果从上帝视角俯视人间，你就会发现，人其实跟草木、飞禽走兽没太大区别，除了生与死，其他一切都是瞬息。**活着就意味着一切的体验降临，快乐、甜蜜是一种体验，背叛、绝情也是一种体验。** 生活的意义就是我们必须坦然迎接这些体验，并且将其转化为内心的火与光。如果你是写作者，那么这些痛苦就是你的灵感；如果你是画家，那么这些痛苦就是你的天赋；如果你只是一个普通人，那么这些痛苦会是成就你强大人格的丰碑。

勇敢面对这些痛苦，用情、用法、用智去化解，但绝不用仇恨或者偏激之心。

请记住阿尔贝·加缪的话："重要的不是治愈，而是带着病痛活下去。"

02

问： 林老师，我可以问您一个问题吗？孩子半岁时，我和丈夫离婚了，这个男人从此音信全无。孩子现在3岁多，知道了爸爸这个角色和这个词，但从不敢问我。最近我听到他自言自语唠叨这个词的频率越来越高，有时看到街边的小猫，他会走过去问小猫"你的爸爸去哪里了"。他是个心思细腻的孩子，我知道这个问题他是替自己问的。我真的挺崩溃的，不知道该怎么和他解释"爸爸去哪里了"这个问题。我不想告诉他残酷的真相，更不想说半句他爸爸的坏话，这对他来说太残忍了。请问我该如何向孩子解释？

答：你这个问题让人痛苦。但直面人生的痛苦，是对孩子最好的成长教育。你应该带孩子去逛动物园，让他看看不同的动物家庭，有群聚、有独处，有一家子，也有形单影只。告诉孩子，这个世界有各种各样的活法，有各种各样的家庭，所以有各种各样的精彩；无论家庭成员有多少，生活都可以是快乐的。

你要告诉孩子，有些动物终生不离领地，有些动物则喜欢随时迁移。正如作为母亲的你喜欢近处的小溪，孩子的父亲喜欢远方的大河，所以他去了远方……告诉孩子，有一天长大了，他能够走向远方，或许就可以遇见父亲了。

不用心急。如果你的孩子听不懂这些话，你就紧紧拥抱他，爱是化解焦虑的最好方式。如果你的孩子听懂了，你更要紧紧拥抱他，年幼的他懂事得让人心疼。

03

问：小时候我与弟弟的关系非常好，他很懂事。结婚后他就变了一个人，一家人好吃懒做，常常跟我与父母无止境地借钱，从来不还，还经常在亲戚面前说我的坏话。父母担心不借钱给他，弟弟以后不认家人。作为姐姐，我该如何处理？

答：我们要想彻底免除人际关系带来的烦恼，有两种做法：心甘情愿或者视而不见。

当我们向某人说"我爱你"时，其实内心是在问自己："他爱我吗？"当一个人开始追问情感付出是否平衡时，烦恼就降临了。

如果你相信因果循环，那就心甘情愿，不问为何、不问回报，只向因果顶礼，相信因果。即使当下对方并不感恩，但只要你相信结局必定是好的，愉悦便依然会存于你内心。如果你相信人性欲壑难填，那就按你的意愿行事，不再回顾过往，也不假设未来，立即改变，从此对痛苦的人与事视而不见，生活就会平静。

人性几乎从来不变，变的是我们看待人性的角度：要么心甘情愿，要么视而不见。

04

问：林教授您好，请教一下：我妹妹今年36岁，8岁就患上癫痫，一直吃药，顺利完成了大学本科学习。最近几年她的生活状态一直不好，失业几年了也没心思找工作，之前回老家和爸妈住，后来一个人租房住，现在基本上不愿外出，我们给她介绍工作也不要，没什么生活目标。医生说她这种情况可试试手术，但我不认同，觉得她如果能正确面对和理解癫痫，平时注意作息、摆正心态、照顾好身体、提升正气，其实问题不大，也会有好转。我感觉她有些抑郁症倾向，不知道该怎么帮她，能否麻烦老师指点下，万分感谢！

答：比起疾病，更可怕的是心病：对自我没有信心，对生活没有动力。要治疗这种心病，工作或者爱情是两种最有效的药。

积极心理学认为，**一个人只要积极工作与努力爱人，人生的一切问题就不再是问题**。癫痫是一种顽疾，必须积极治疗，仅仅摆正心态是不行的。积极治疗能让你妹妹感受到家人的爱，更容易树立自我的信心。同时，让你妹妹树立自主谋生的观念，断绝依靠家人混混沌沌过一生的念头。积极安排一些她可以做的工作，即使不体面，也必须让她坚持，让她知道没有退路可走，必须自给自足，自己谋划未来。

赚钱也是一种药，一种可以治愈矫情、颓废、消极、抑郁的良药。一个人到了必须自己赚钱才能活下去时，全身的动力之源就会启动。赚钱能够治愈矫情，花钱能够治愈忧伤，一个人只要对钱有感，就不会轻易走向抑郁。

05

问：有个问题纠缠了我很久。有些东西（如金钱、职位、荣誉）本来即将要属于你，但是由于一些突发的不可抗力因素而错过或失去了，再等不知道会是什么时候，这些本该属于你的东西已落到别人头上。尽管我也告诫自己，过好自己的生活，不要比较，但是仍然心存芥蒂。我要怎样开导自己，更关注自己，做个快乐的人呢？

答：让我给你讲一个故事。

从前有个书生，和未婚妻是青梅竹马，他们约好在某年某月某日结婚。到了那一天，未婚妻却嫁给了别人。书生受此打击，一病不起。这时路过一个僧人，从怀里摸出一面镜子给书生看。书生透过这面神奇的镜子看到前世：茫茫大海边，有一名遇害的女子一丝不挂地躺在海滩上，此时路过一人，看了一眼，摇摇头，走了。又路过一人，将衣服脱下，给女尸盖上，走了。再路过一人，过去挖个坑，小心翼翼地把尸体掩埋了，并含着泪对尸体三鞠躬。

僧人解释道：那具海滩上的女尸就是你未婚妻的前世。你是第二个路过的人，曾给过她一件衣服。她今生和你相恋，只为还你一个情。但是她最终要报答一生一世的人，是最后那个把她掩埋的人，那人就是她现在的丈夫。书生大悟。

亲爱的朋友，希望你也大悟。

06

问：我儿子目前在上大二。他读大学之前在学校老师的严管之下一直还算上进，但高考较平时发挥失常，只考上了某大学物联网工程专业。当时他很不服气，要复读，但是我没有同意，我说："大学只是人生的一个新起点，你可以考研，考到更好的学校。"

刚进学校的时候感觉他还是有点动力的，可是从上学期到现在，他好像沉迷于网络游戏，大一数学已经挂科。我不知道要怎样引导他远离网络游戏，让他不要在网络游戏中荒废青春，也不知道如果考研要如何准备，特请教您！

答：不要试图去改变一个成年人的喜好，即使他是你的儿子。这不仅会徒劳无功，甚至会引发反感。作为父母，唯一能够做的就是观察孩子的交际圈，引导他的交际方式，让他有机会结交正能量更强的人。

在孩子的成长上，父母初期的作用是教导，后期的作用是连接。尽一切可能去为孩子连接更高层级的人与世界吧，比如带他走走清华北大，参加高知讲座，认识名校优秀学子。当一个年轻人的眼界开阔了，思维升级了，榜样的力量就会塑造他，再顽固的男人也会一夜长大。

07

问：林老师，一直以来很仰慕您，想向您咨询，盼您解惑。我们家有姐妹三个，我和二妹一切挺好，但老三脆弱敏感，心态不好，与家人相处不好，与同事相处不好，工作状态不好，32岁了一直不结婚，父母非常忧愁。我们该怎么办？

答：当你把家庭视为大自然中的一个生态系统，你就会明白家庭中也必然会出现不均衡的情况：几个孩子的大家庭，总有一两个特立独行。为何同一家庭的孩子却有不同的人生价值观？我们理解这个问题，不应只从教育本身去理解，还应从系统的进化角度去观察。在生态科学中，有一个著名的法则：均衡即死亡。

美国生态学博士托尼在研究了80年来沙漠变化的数据后得出结论：多变的降雨量是沙漠存续的关键。如果沙漠降雨量变化多端，那么物种的混合群落就会增加。反之，如果相对于每年的气温循环周期，降雨量保持不变，那么稳定的沙漠生态将会溃缩——均衡即死亡。

个别孩子的离经叛道，表面上破坏了家庭的整体性，其实他的存在也能为家族带来正面的促进意义，如教育警醒、文化宽容等。

成年人基本无法被说教改变，只能被因果影响。所以，停止从道德制高点去说服你的三妹，只关爱，不教育，肯定她的人生价值，最终你会发现，这个曾经的均衡破坏者，竟可能成为家族之光。

08

问：林老师，我儿子今年读大四，因为考研心态崩了。前几天，他得知原本成绩不如自己的高中同学保研了，而自己没有保上，就失落、痛苦了一番。现在儿子的情绪很不稳定，他该如何走出情绪低谷？作为父母，我们该如何鼓励孩子才能让他拥有强大的心态？

答：心态脆弱是因为被割裂，心态强大是因为有融入。一滴水珠在浩瀚大海面前有妒忌、自卑的心态，那是因为它割裂了自身与大海的关联——其实水滴也是大海的一部分。

积极心理学认为，对治脆弱心态最有效的方式就是融入，用心甘情愿为他人提供服务的方式把个体融入整体。从今天开始，让你的孩子每天主动做一件让同学高兴的好事，直到研究生考试结束。比如主动换桶装水，主动打扫宿舍卫生……当年俞敏洪在北大主动给舍友打了4年开水，这些后来考入国外名校的同学，毕业回国后主动投身新东方，成为俞敏洪麾下的得力干将。

让自己高兴叫才能，让别人高兴叫智慧，无私服务他人，就是心灵获得荣光之时，每个人都会从中获得自信、自豪与自强的意识。

从今天开始，你去做一个乐意帮助他人的母亲吧，用言传身教的方式影响孩子。心态阳光，是因为个体真正融入了整体，就如一滴水回到了大海的怀抱。

09

问：林老师，最近我读到一句话："人跟人的区分不是男人和女人，而是有思想和没思想。"这句话让我反思。

我丈夫是有思想的人吗？答案是否定的。我追求幸福，愿意为幸福去努力。而我丈夫除了本职工作外，没有什么主观能动性，其他基本是为了配合我而去做，比如有需要的时候帮忙带孩子、干家务。

结婚十几年，我突然发现婚姻很不快乐，我该离婚吗？

答：不必抱怨自己的配偶是一条咸鱼，不爱学习或者不上进。夫妻不是同学，一起进步固然好，但不是重点，互相适应才是。这就是一种理想的婚姻相处模式。

这世间，遇到喜欢不稀奇；遇到理解与包容，才是难得。所以孔子讲

"克己复礼"，不要求别人改变以适应自己，而是改变自己观察别人的角度，重新发现别人的优点。

作为创业家，你在生意场上见过太多优秀的男人，于是慢慢感觉原来还不错的丈夫是多么平庸……但你要知道，寻找最好的爱情就像去海边捡贝壳，你不一定要捡到最大的，也不一定要捡到最好看的。聪明的人会在海边找一枚自己喜欢的，放在衣服的口袋里，然后一辈子都告诉自己，这是海边最好的贝壳，并且从此再也不去海边了。

珍惜眼前人吧，无论好坏，下辈子都不会再见了。

10

问：林老师，我女儿今年17岁，在国际学校读高二。她在同学与朋友面前有优越感，现在大部分时间用在交朋友上，喜欢玩，还有点叛逆，不把精力放在学习上。怎么引导才有用啊？

答：任何一种情绪都是中性的，加什么样的定语才是关键：自卑＋努力＝超越，优越＋炫耀＝自毁。但如果在优越后面加上慈悲心，则会成就一个人的卓越。

带你优越感爆棚的女儿去做公益吧，俯身去看看人间疾苦，亲自动手去帮助他人。再让她带着慈悲心与交际能力回到学校，把学习成绩拔尖的同学都变成她的好朋友，学习他们的方法。然后让她发挥自己的优势，帮助成绩一般的同学一起成长。

如果孩子上能结交更优越的同学而不妒忌，下能结交很普通的同学而不自傲，并能从所有人身上学习，说明慈悲心已经落入她的内心，可谓人格完满，未来可期。

11

问：教授，今天下班经过天桥，有个老妇人向我乞讨，我给了一百块，还给她买了一个盒饭。而上周同样经过这里，一个浑身污垢的人向我乞讨，我却投以厌恶。我究竟是好人还是坏人？您可否跟我解读一下人性？我应该如何正确面对乞讨者，即使有时他们真是让人厌烦？

答：每个人身上都有三种特性：神性、人性与兽性。这三种特性时时交织，刹那间闪现，刹那间沉没。某一刻某一种特性浮现，你就表现出某种人格。我们要持续观想慈悲，这样你看到有人受苦时，第一反应就不会是怜悯或者厌恶，而是生起深度的慈悲。

尊重那些向你求助的人，即使有时他们浑身污垢、断腿残肢、言行粗鄙。任何人以他们的痛苦促使你发展慈悲心，事实上是送给你最贵重的礼物，因为他们正在帮助你获得迈向证悟最需要的特质。所以藏族人说：正在向你讨钱的乞丐或让你心痛如绞的老病妇，都可能是诸佛示现，帮助你发展慈悲心，迈向生命觉醒的目标。

12

问：我妹的女儿高三了，听不进课，怕跟不上，觉得疲惫，又放松不了，这周因为某些原因回不了家，更是焦虑、难受，老想哭……该怎么帮她呢？

答：行为心理学认为，行为一旦改变，认知与情绪就会随之改变。

一个为高考而紧张的少女，平常的习惯性动作、习惯性思维都在强化紧张心理。要改变这种心理，可以从改变旧习惯，反向建立新习惯开始。比如，以前焦虑时想哭泣，下次焦虑时就仰天大笑；以前焦虑时向父母倾诉，下次焦虑时就执笔述说或者做跳绳等运动。

反向行为习惯的建立会中断习惯性思维，让一个习惯某种情绪的人开始习惯另一种情绪。

一个习惯的建立只需要三个月，从今天开始，让她把焦虑的化解视为考试目标之一，挑战一下自己的毅力与决心。焦虑来临时，不妨仰天大笑、执笔述说、坚持运动。

行为只要小小改变，认知就微微改变，情绪就稍稍改变，人生从此大大改变。

13

问：林老师好！如果有人诽谤自己，心情会略有起伏，该如何应对呢？

答：在耆阇崛山法会上，弟子问释迦牟尼："世尊，您被人辱骂了也不为所动，您为什么选择无视呢？"

释迦牟尼答："如果有人送东西给对方，对方不接受，那么这东西最终是谁的呢？"

"当然回到赠送人那里去。"弟子说。

送礼物如此，恶言谤语也如此。

一念起，一切起。一念落，一切落。

14

问：林老师，您好。我刚毕业两年，现在电视台工作。我由于脸上长了几颗痘，一直在看医生吃药，但还是好不了，因此主持节目时很不自信，挺焦虑的。请问应该如何消除这种焦虑心态呢？

答：上次录制节目我见过你，你的天生丽质给我留下深刻印象，根本不需要焦虑几颗痘这件小事……对有些人来说，脸上几颗痘的存在一点也不影响容貌，只是让其长相显得谦虚。

所谓长得谦虚，就是指有些人本来容貌特别出色，却故意吃得胖一点或者偶尔长点痘之类，以避免太好看被人嫉妒，把张扬的机会留给他人。

15

问：我今年32岁，有份收入稳定的工作。我和他相识14年，无孩子。2017年，他因为我辞职来到我的城市，找了份收入较低的工作。这5年他换了3家公司，生活靠他家里贴补，但家里条件有限。这两年我们房贷还不起，各种开销受限，生活水平降低。两人做事思路不一致，经常产生矛盾，脾气说来就来。他没有很强的事业心和进取心，家里提供不了支持，生活没有安全感，但他认为他付出了所有，觉得自己很委屈，并认为我什么也没有付出。我最近两年很焦虑，请问教授这种情况应如何改变？我内心接受不了这样的他，我应该怎么做？求指教！

答： 人性几乎从来不变，变化的只是我们观察的角度。没有人忽然不喜欢你，只是你忽然知道而已。相处14年，忽然觉得跟对方生活很委屈，忽然觉得对方不上进……这不是你变了或者他变了，而是生活变了，而你们对彼此的认识还停留在14年前。

与时俱进，让思想保持进步，与生活节奏保持一致，这是维持婚姻甜蜜的关键。一旦行为改变，认知与情绪就会改变。试试去调整卧室的颜色、改变床的方位，试试一起去做以前不曾做的事，试试一起交往全新的朋友……试试把婚姻当成修行，努力去一起改变。

如果他对以上改变毫无兴趣、毫不配合……你就可以改变跟他的关系而毫不后悔了。

16

问： 我突然发现自己七八岁的小孩在外面看到喜欢的东西会往家里拿，这种行为让我很担心，怕他养成习惯。我骂过、打过，但是他都没有改变，反而担心被我打骂，骗我说是别人送的。我该怎么引导？谢谢博士。

答： 10岁之前的孩子，人格正在成型，这时候他们的所有权意识开始慢慢清晰。这个时候家长得帮助孩子区分借与偷、借与还的概念，知道自己、他人、公用的边界，教导孩子对自己的物品进行管理，他人物品未经允许不能擅自使用和拿走，培养其物权意识。

在美国情景喜剧《美式主妇》里，女主角凯蒂的6岁小女儿安娜偷拿了好朋友佩妮家的烛台。作为母亲的凯蒂首先很冷静地问女儿有没有拿佩妮家里的东西，安娜撒谎说没有。夫妻俩拿出了烛台，告诉女儿不能拿别人的东西，女儿气呼呼地顶嘴。这时凯蒂没有开骂，而是用行动让孩子知道丢失自己心爱的东西是什么感受。她偷偷藏起女儿最喜欢的小马，然后问女儿有什么感受，女儿哭着说很难过。当安娜拿回失而复得的小马后，主动承认了拿别人东西的错误行为，而且亲自把烛台还给朋友。

希望这个故事能给你启示，当孩子犯了错误，家长要稳住，不要用蛮力，教育从来就是一件润物细无声的事。

无上的寂静，就在内心深处

17

问：林老师，我有一个快12岁的儿子，这学期初遭遇了校园霸凌，被同年级的男生欺凌15分钟之久，身体受了伤。事情发生后，孩子产生了强烈的恐惧。您是心理学专家，经验丰富，麻烦您有空时给些建议，谢谢！

答：遭遇严重霸凌之后，孩子会产生应激反应，情绪低落，出现多种负面偏激心理，其中最值得家长关注的就是孤独、自怜与仇恨。因为害怕，所以孤独。因为无力，所以自怜。因为受害，所以仇恨。

在解决校园霸凌事件时，家长最重要的职责就是帮助孩子分析原因、掌握方法、防患于未然。

每一个校园霸凌事件的出现，随机中有不随机的原因。应引导孩子讲述过程，帮他分析原因，让孩子认识到被霸凌不是他的错，只是成长中的一种偶然遭遇，不会是常态。在校园中，过于与众不同的孩子容易被霸凌，比如口音太奇怪、身体太柔弱、个性太懦弱等。在帮孩子分析原因之余，引导他用运动强化身体素质，用学习增强群体融入感，用专长和沟通提升圈子认可度，用自信展现勇敢的气度。只要把坏事引向好的一面，用积极心态看待消极事件，孩子就能慢慢从霸凌阴影中走出来。

这段时间，陪孩子多看英雄电影，多讲英雄故事，多暗示他就是自己的英雄，这比上面的大道理更易形成明显、直接的心理阳光效应。

18

问： 林老师，我的大儿子大学毕业后就去当兵，退役回来后一直没有正式稳定的工作，28岁还没结婚，在一家汽车4S店里做销售，每个月的收入没有一点结余。我家里还有90来岁的老父亲，老婆身体也不好，长年需要吃药，二儿子读大三，家里的开销全靠我一个人4 000多元的收入来维持，想向大儿子开口要他分担一点，他总是说没有。我在城里买有一套房，他一个人住在那里，有时间不是结伴打牌就是吃吃喝喝。昨天晚上我在电话中说了他几句，他说我给他的压力好大，想去自杀。面对这样的孩子，我该怎么办？真的希望您能给我出个主意。

答： 说服一个巨婴，从来都不是靠言语，而是靠南墙。建议找一个合适的理由，比如为太太治病筹钱，顺理成章地把城里的房子卖掉，让大儿子为生活必须竭尽全力，并硬性要求他每月必须为祖父、母亲、弟弟以及自己将来结婚缴纳费用。

孝心、奋斗心、感恩心这些值得讴歌的品德从来都不是被言语劝说出来的，而是在生活磨砺中激发出来的感悟。

男人总是会改变的，要么为某个女人，要么为迫不得已的生活。一个习惯呼朋唤友、吃吃喝喝的男人，只会苟且偷安，绝没有勇气伤害自己，无底线的容忍与溺爱只会养出心态垮掉的孩子。

从今天开始，去做一个温和而又坚定的父亲吧，关心孩子但绝不纵容，温言细语但意志坚定，严父膝下无弱子。

第十七章

允许一切发生是一种力量

尽人事，听天命

#问答林景新#

我有一个发小，他从小随家在深圳经商，专做供港蔬菜的生意，30岁就住在南山区可以望海的天价顶层复式楼里，人生好不逍遥。几年前，他的电话忽然打不通了，我们失去了联络。

前天，我忽然收到他的电话，约我在深圳甘坑古镇吃饭叙旧。坐下之后，他笑着向我致歉：因为卷入一场官司，坐了一年牢，所以无法联络老朋友。

我无法想象一个习惯享受人生的公子哥失去自由的心境。他却说，要与十几个人同睡大通铺，大热天没有空调，粗茶淡饭，每天只能待在十多平方米的房子里观天，不能看电视，不能用手机，没有娱乐……这种不适应不过持续了一个月的时间。一个月后，他选择了接受，习惯了新环境，努力改造，洗心革面。

人类进化数十万年来，大自然赋予了人一种强大的心理自适力。如果一个人忽然残疾或者入狱失去自由，大部分人会在最长三个月内自我调整心态，以适应这种新的变化。忽然的改变会击倒一个人。三个月后，被击倒的这个人就会接受新境况，重新站立，内心平静如前，这就是进化的力量。

朋友说，现在回头看，挺感谢当年的牢狱之灾，因为让自己明白了自由的可贵，明白了珍惜一切的可贵，明白了生活的美好之外还存在另外一面。

再难过的事情，总有一天我们也会笑着说出来。允许一切发生是一种力量，进化是一种力量，相信是一种力量。

要获得生活的美好，我们就必须让自己充满力量。

在写作 #问答林景新# 这三年时间里，我收到各种各样的心理问题咨询，有家暴导致心理创伤的，有亲人忽然离世导致情绪低落的，有生活遭遇变故一时难以接受的……我学疏识薄，自是无法知晓所有的答案，但无论怎样的问题，我都会告诉那些被痛苦包围的提问者，如果一时间无法找到摆脱痛苦的方法，就给自己多一点时间，学会接受新的境况，不焦灼、不极端，静静地观天，静静地行路，静静地安睡，静静地吃饭，静静地哭泣也是允许的，进化的力量自会慢慢把人带离困境。对许多心理疾病来说，时间或许是世间最好的药。

没有一种美好抵挡得住遗忘，没有一种悲伤抵挡得住时间。

任何时候，请你记住：允许一切发生是一种力量。生活不过是见招拆招。

01

问：我的孩子感统失调，低年级时也做过感统训练，但上课时专注力还是很差，还自言自语，影响周围同学，现在六年级了，只能自己单独坐一桌。医生说孩子现在将近12岁了，做感统训练帮助也不大，我该怎么办？

答：感统失调是神经系统失调引起的一种病理表现，常见症状就是注意力涣散，极端好动。通常的医学观点认为，孩子到了12岁，大脑发育成熟，感统系统已无法被矫正。但心理学认为，神经如同人的性格，一生都具有可塑性，无论多大年纪都可以进行感统训练。

作为母亲，你首先要相信孩子感统失调不是他的缺点而是他的特点，任何时候都应鼓励、肯定他，给孩子前行的信心。

在训练手段上，你可以通过内在精神闭合与外在精力投放两种方式来训练孩子集中注意力。在精神闭合上，帮助孩子找到精神导师，学习冥想打坐，收回涣散的注意力。在精力投放上，让孩子对某种运动形成热爱的习惯，无论用什么办法，都必须让他热爱某种运动，让狂躁的力比多与狂乱的注意力得以寄物聚焦。以上两种方式都必须长期坚持，无法短时间内见效。对孩子来说，这将是一场长征，对你也是。当你们能坚持下去时，惊喜的奇迹就会出现。看看好莱坞电影《奇迹男孩》吧，奇迹就在于坚持。

02

问：林老师，我在女儿6岁时离婚了，她从小学开始就寄居在我的哥姐家。读初中时，她的性格变得内向，但成绩拔尖。初三时，她提出想出国读书，我拒绝了。今天，读高一的她给我写了一封长信要求休学，说要去追求自己的理想。她是一个思想远超同龄人的孩子，现在的成绩依然是全校第一名。我不知道如何对待孩子的请求，请给我一点意见，感恩。

答：念小学时，我的母亲去了香港美孚公司工作，一年只能回内地一次。高一那年，有一天我跟她说自己不想念书了。其实我不讨厌学校，而是讨厌漫长的分离。我用一个孩子最极端的表达告诉母亲：我不喜欢现在这种分离状态。

马斯洛告诉我们，人的需要排序是：生理需要→安全需要→社交需要→尊重需要→自我实现需要。对一个缺乏正常家庭陪伴的孩子来说，自我实现需要不会是她现阶段最强烈的需要，而只会是其他需要的转换表达，比如讨厌寄居生活、讨厌分离。

我建议你改变相处模式，让她更强烈地感受到你作为母亲的全方位角色的存在，而不是以学习为重，让她寄养在亲戚家。你以母亲的身份给她回一封信，既检讨一下自己，也表达你对她学业发展的期望，希望她继续保持学习劲头，并答应她三年后支持她考国外大学。你的这封信既是道歉，也是对孩子的承诺。多些耐心陪孩子长大，不要走太快，她可能跟不上；不要落太后，她可能不会耐心等候。要走在孩子身旁，做她最亲密的伙伴，亦师亦友、亦母亦父。

03

问：老师，我最近有一个困惑，想请您帮忙解答。我发现自己在公司没什么朋友，跟每个人都是淡水之交。公司的人文情怀很浓，部门的小团体很多，但我感觉自己都融不进去。每次不可不去的聚会，我都会担忧：跟谁一起去？跟谁一起住？到了跟谁玩？因为我是那种不喜欢玩游戏的人，所以在这种场合会觉得很尴尬，感觉自己融不进去。

答：《生活大爆炸》有句台词："也许你感觉自己与周遭格格不入，但正是那些你一个人度过的时光，让你变得越来越有意思，等有一天别人终于注意到你的时候，他们就会发现一个比他们想象中更酷的人。"

无论是独处还是融入群体，只要你确保自己的情绪是积极的，性格是开朗的，人生是进步的，你就不需要害怕。不要把时间浪费在怀疑、担心上，而要每天努力发光发热，去变成一个更好的自己，人生想要的一切就会向你飞奔而来。

04

问：我女儿今年10岁了，正就读小学四年级，她平时比较爱学习，就是偶尔爱发脾气，有时候还拍桌子、摔东西、顶撞她妈妈。上周，她说同班一个男生扇了她一巴掌、踢了她一脚，我向班主任反映，老师说已经批评了那个男生，要他跟我女儿道歉。但是我女儿说对方并没有道歉。这时候我如果再追问，担心得罪老师，如果不追问，又担心给孩子留下阴影，孩子会认为受欺负了家长不管。您说我该怎么办？谢谢！

答：比起直接帮助孩子解决问题，帮助孩子掌握解决问题的能力更重要。孩子之间的矛盾冲突，在每一个升学阶段都会发生。作为父母，你们要让孩子培养处理这种事情的掌控力。

你可以让孩子试试以下三种解决问题的方法：

第一，让孩子在学校直接找到男生，当面要求道歉（你提前在家训练孩子如何平和地表达诉求）。

第二，让孩子用文字写出冲突经过（帮助孩子一起梳理，写得有理有据），呈交老师和男生父母。

第三，让孩子自己提出化敌为友的方式，协助她落实。

漫长的一生，没有人可以不受委屈，而自己寻找消除委屈的方法，则可以让每一次的委屈变成思想的成长。

05

问：林教授，晚上好。去年7月，我的男朋友查出肺癌，做了六期化疗，以为这个噩梦已经过去。我们今年4月完婚后，满怀希望去备孕，想不到万恶的癌细胞转移到了他的肝脏，并且情况严重。现在他又做完了六期化疗，身体已经很虚弱。在高压下，我的身体也出现了问题，不知道该怎么照顾他。第二次生病后，他也很难过，无数次提过想要离婚，我为了安抚他，叫他不要提这个话题。身边不知情的朋友不断问我们怀孕的问题，我既想他能快点好起来，我们还可以继续走下去，也怕情况恶化下去，我接受不了。我该怎么办呢？一个才刚30岁的迷途人诚心求教！

答：生命是一个不断进化的过程，痛苦不是惩罚，死亡不是失败，活着也不是一种奖赏，一切只是存在。勇敢面对一切的存在，甚至感谢任何存在的出现，就是一个勇敢者最自信的姿态。

你的勇敢已经超越无数人，你要相信这一点，并继续去实践这一点。与先生真诚讨论病情，学会用文字记录每日点滴，促进彼此更多的良性互动；与家人真诚沟通想法，获得他们真心的支持与理解；向朋友真诚告知情况，让自己生活在真实的状态中，而不是生活在别人无谓的想象中。有些困惑，自己慢慢会找到答案；有些困惑，上帝自会告诉我们答案。没有任何选择一定是失败的，因为没有任何状态一定是成功的，一切都是存在。

真实的人无坚不摧，勇敢者必将自我拯救。

06

问：林教授，您好！我是一名33岁的律师，事业算不错，但一直不想结婚，可能是职业的原因，对于所有的事情总会想到不好的一面，比如离婚或者如果我生病了会变成家庭的累赘等。这些年我谈了几个对象，但没有结果。我觉得自己没有信心教育好下一代，自己能活得明白已经很不错了……父母总说小孩生下来之后由他们带，但结婚这件事我真的觉得自己没有准备好，可是又不好跟父母说。在他们眼里，这是天经地义的事，可是我觉得结婚了就要对另一半负责，对家庭负责，对下一代负责！请林教授为我指点迷津。

答：我很乐意跟你探讨一下结婚这个形而上的问题。你对不想结婚的看法就如你的律师职业一样，充满严谨的逻辑论证。但世上有三样东西无法用逻辑去论证：爱情、孝顺、慈悲。因为这三者跟天性、责任、直觉相关，跟风险与收益无关。不必再用逻辑去推论自己是否要结婚，而是要真诚跟随天性、责任、直觉的指引，不要让无穷尽的纠结熄灭了你眼中的光芒。

我见过抱怨找错对象的男女，但很少见到后悔结束单身的人。我见过责怪自己教育无方的父母，但未曾见过后悔繁衍了后代的人。人生的意义就是把一切的喜乐哀愁都证悟为内心的火与光。

人这一生，不理性是危险的，太理性是致命的。愿你既理性又糊涂。

07

问：我儿子从一年级到四年级会因学校时不时停课而在家上网课。而我要上班，做不到每次网课都陪伴，对他使用手机的时间缺乏监管。昨天我拿他上网课的手机检查，发现他加了很多陌生人的微信，而且经常给陌生人转钱买游戏装备。我被气爆了，彻夜未眠……对于这个问题，我除了没收手机，接下来该如何处理、如何管教？请林老师指点！感谢。

答：12岁之前的孩子思想未成熟，是非观未建立，家长不能附加道德评判去看待其行为，但可以采取顺应、引导、重建的方法，让孩子分清对错。

曾有一个五年级的孩子喜欢玩网络游戏，脾气暴躁，常欺负其他小朋友。有一天，他出门，他的父亲背着大袋子跟着。孩子问："您要出差？"父亲说："送你而已，这里是你的衣服，你再打人，警察随时会把你抓走判刑，东西我已准备好给你送牢里。"孩子从此规规矩矩。

金钱观是中国教育的短板之一。好奇是学习的开始，对孩子进行正确的金钱观教育就是帮助他成长，不要简单粗暴，不要讳莫如深，耐心地对他进行知识普及吧……知识能化解无知的冲动，指引孩子选择正确的行为。

08

问：我家孩子上了一年级，我是在学校里工作的，本来想着把自己的孩子放在身边，会有老师的重视，就算不做班长，做个科代表之类的，能培养孩子的责任感，我也能接受，但他最后什么职位都没有。我让孩子努力练习跳舞，争取校运会表演的主角位置，最后孩子确实站在主席台前面，可是主角位置是中间跳舞的人……我很烦躁，开始骂孩子，觉得孩子不努力，学习不争气，连学习外的小事都不争气。我知道我的想法要改变，但是不知道该如何改变。

答：孩子的表现有一点点不如意，你就生气烦躁，这叫失意忘形。在心理学上，失意忘形比得意忘形更有害。这说明你缺乏钝感力，属于敏感体质，容易将一点点挫折不断地放大。从医学的角度，血液循环不畅，人对负面情绪的自我修复力就会出问题。

从今天开始，加强身体锻炼，如果有条件，可以修习冥想或者瑜伽，提高身体康健程度和自己对狂涌念头的控制力，你给孩子的就会是正念和温柔的爱，而不是暴躁、强迫甚至扭曲的爱。

世上有三种人最让人欣赏：出世的智者、入世的强者和开朗阳光的普通人。你要做有钝感力的人，做开朗阳光的人，然后成为孩子的榜样，这样一切就甚好。

09

问：我儿子今年高三，理科。对于内地的孩子来说，去香港读大学会面临哪些困难和挑战呢？香港的大学又有哪些优势？我儿子成绩还行。谢谢啦！

答：2012—2014年，我曾在香港理工大学担任客座教授，教授跨文化课程。30个人左右的班级由香港、内地和国际学生组成。文化多元是香港高校的最大特点，英文使用程度非常高。对于内地学生来说，最大的困难不是语言，而是对文化多元社会的融入。

当然，困难与优势是相对的。香港的大学沿用了许多英国教育体制，学业要求严格，倡导学生进行国际化思考，鼓励学生发表不同意见和关心国际政治。这种精英化的文化氛围能让学生具备全球视野，努力追求高阶人生。10年前我教的那批学生，有些人进入了欧美名校，有些人则成为职场精英，多元化的氛围最能激发人的潜能。

我喜欢陌生的文化氛围，不适应感一旦被克服，满满的快乐就洋溢于内心。让你的孩子努力学习，走出内地，走向香港，最后走向世界。

10

问：林老师您好，我的父亲今早猝死了，非常突然，他才55岁。到现在我还有一种不真实感，想诉说又害怕诉说，希望能从您的文字里获得一些力量。如有打扰请见谅。

答：我有一个医生朋友，几年前他慈爱的母亲意外死亡。一天夜晚，我们饮茶，他对我说："我一直告诉自己，母亲没有离开，只是变成了星星，每晚我凝视星空时，总会看到其中一颗星星向我眨眼，多么像母亲的眼睛。"

这个医生朋友是一个严谨的人，是一名科学工作者，但现在他却相信母亲变成星星。他不是迷信，而是把执迷的痛苦转化成为永恒的怀念。任何时候只要抬头，灿烂的星空就如亲人的眼神，遥远但温暖地注视着你。这是无声的陪伴，这是人心的祝福。

人生是一次漫长的告别，人们总会再见，要么在人间，要么在星空。难过时，你就仰望星空，你所想念的人，也正在凝视着你。

11

问：三年前我离婚了，我的一位已婚男同事知道我离婚后向我表白，说他喜欢我，会为了我离婚。当时我只是把他当成朋友，一年后他离婚，我们才开始交往。我发现他老实内向，不喜欢与人沟通。他追求我的时候，特别会讨我欢心，去年我父亲去世，多亏他一直陪伴在我身边，这段关系他付出的比我多得多。近来我工作特别忙，每当我遇到困难的时候，都指望不上他。有矛盾，他也是不说话，要不然就是一走了之，在他身上我找不到安全感……现在他对我已不像从前了，不会主动联系我，还经常去他前妻家看孩子。在他见过我母亲后，我要求去见他父母，他却一直推脱。我和他经常闹分手，这样的关系还有必要持续吗？林教授，想听听您的指点。

答：我曾听到一对夫妻在吵架，情绪激愤，我仿佛看到六个人在进行言语交锋：她此刻眼中的他、她想象中的他、真实的他；他此刻眼中的她、他想象中的她、真实的她。这虚虚实实的六个人彼此都无法认同，言语交锋变成了插进拔出身体的刺刀，鲜血淋漓。

再婚男女谈恋爱比一般恋人更难，因为他们对待彼此很容易叠加前任的身影。你要去掉比较心，去掉他对你若即若离的怨恨心，去掉他追求你时的热烈心，让你的心回归绝对的冷静，然后按下面的逻辑问自己，你就有了答案。

有人问哲学家尼采：选择配偶的标准是什么？

尼采说：接下来的四十年人生，你想每天都跟这个人聊天吗？

12

问：我现在从事的工作与我的专业完全无关，且属于变化较大的职位，确实不是我向往的职业发展方向，现在正处于事业瓶颈期，年龄也到了比较尴尬的阶段。我一直想出去看看，但是一直没有那个决断力，麻烦老师指点一下。

答：对于工作的抉择，你要从两个角度思考：

第一，工作是一种便携性技能，如果一份工作不能让你持续累积技能，即使当下看起来待遇不错，以后保住它的机会也会越来越少。无情是资本的唯一特性，越早改变越好。

第二，工作事关幸福。有创造力与和谐关系的工作是人生幸福的重要来源。适合自己的工作会带来心志的稳定，心志的稳定会带来稳定的幸福感。如果当下的工作让你感到痛苦，那么工资就不是劳动收入，而是你的精神损失费。若是如此，你就必须改变。

去还是留，都不是关键，关键是不能让人生处于摇摆不定的状态。相比一时得失，优柔寡断才是人生最致命的毒药。

13

问：老师，我想问，世间还有好男人吗？还有所谓的爱情吗？为什么我看到的男人都让我怀疑人生？

答：一个不能完全接纳自己的人，也无法接纳任何人。一个能爱上自己的人，才有能力去爱别人。男人是好还是坏，世界是否值得期待，一切都是你的创造。

从今天开始，好好去爱自己，认真梳头，认真读书，认真对待工作，每晚安静入眠，月圆时赏月，花开时赏花，以一颗恬淡的心感受一切。慢慢地，你就能感受到美好，理解人，理解人生，珍爱一切。所有人与这个世界都是你内心的折射而已。这时你再去爱上一个男子，你们就会像浩瀚大海上的两朵浪花，欢腾奔涌，头上是一望无际的蓝天，脚下是碧波荡漾的海洋，你不再有比较，不再有怨恨，不再有忧愁，只有无限的欢喜。

14

问：林老师好！我交往半年的男友是小公司老板，独住一套房子。昨晚他突然跟我说，要来我家住几天，说他公司的一个女同事因为特殊原因要在他家暂住几天。我瞬间蒙了……这信息量太大了，难道他们有私情？我想了很多，不知如何处理。请林老师帮忙分析，指点迷津。非常感谢！

答：如果一个男人愿意为有难者解忧，说明他慈悲。如果他凡事懂得与爱人沟通，说明他真诚。人格如同缀满繁星的夜空，慈悲与真诚是其中最耀眼的两颗。

不必怀疑男朋友是否有异心，而要用同样的慈悲与真诚对待他：赞美他的慷慨，感谢他的真诚，一如既往地爱他。好的伴侣是彼此人格的放大器：你狐心，他就假意；你真心，他便真诚。

15

问：林老师，晚上好！很多心理医生其实解决不了病人的心理问题，他们是怎样克服这种挫败感而不抑郁的？您教授积极心理学，我想听听您的想法。

答：鱼那么信任水，水却煮了鱼；树叶那么信任风，风却吹落了树叶；你曾经那么信任一个人，那个人却把你伤得最深。这些事情听起来让人很有挫败感，但仔细分析你就会发现：煮了鱼的不是水，而是火；吹落树叶的不是风，而是秋天；伤害你的不是某个具象的人，而是你对人的过高期望。

生活中的许多事情，从表面看一地鸡毛，其实曲径通幽。真正让心理医生有挫败感的不是无法治愈所有的心理疾病，而是他们放弃了去治愈病人的努力。美国著名医生特鲁多的墓志铭这样写道：有时，去治愈；常常，去帮助；总是，去安慰。

你理解了这句墓志铭，就理解了医生的光荣与挫折。

16

问： 我感觉自己很崩溃，日子太苦了。老公对我没有感情了，我之前还抱有关系能变好的想法，可是事情还是一步步往糟糕的方向发展。老公脾气暴躁，心思很细，老找碴，有一点不如意就大发脾气，而且不分人、不分场合，经常辱骂我，还带上我爸妈，经常当着孩子的面诋毁我。

家里有两个孩子，大的4岁，小的不到1岁，还没断奶。老公每天回来吃完饭就开始玩游戏，这时候一点都不能被打扰，孩子哭也好闹也好，游戏最大。他在工作上也没有上进心，迟到早退，领导安排出差也不愿去。老公有各种坏习惯，对孩子来说都是不良示范，并且不愿意去学习任何育儿知识，我们的育儿观念非常不合。我是工作和孩子两边都想好，可是兼顾不到。回到家每天都要被训斥，话不能多说，活不能少干，回家就是一种煎熬。我无法忍受这个状态，可离婚或者不离婚，我感觉对孩子都不好，真不知道该怎么办了！

答： 没有人能够以同样的方式对待你两次，第二次必定经过你的默许。你不是在寻求我的建议，而是在寻求我对你受虐的安慰。弱者总是需要安慰，而安慰对于终结痛苦一无是处。

夜深了，洗洗睡吧，你已经自问自答了。命运啊，命是弱者的自叹，运却是强者的自谦。你没有勇气做生活的强者，不斩断、不改变，那就默默忍着吧。

17

问： 我女儿今年读小学五年级，之前学习还可以，但这学期以来，老师向我们反映她学习心散，考试粗心大意，作业马虎（之前专注力也不太好），成绩下降很多。平时我们也教育过、骂过、打过（可能方法不对），但收效甚微。她的玩心很重，心思都花在玩卡纸和吃零食上，思想成熟度低于她的实际年龄。请问怎样才能让她的心思回到学习上？

答：儿童心理学告诉我们，娇生惯养是让孩子思想成熟缓慢的主因。因为被过度呵护，一切得之太易，过错无须承担，儿童就不能建立正确的因果观念，不理解努力的意义，不知道学习散漫的后果。

要让孩子把心思聚焦在学习上：一要帮她甄别朋友，"孟母三迁"的意义就在于此；二要定规矩、严要求、树目标，奖惩分明，家长说到做到，让孩子形成正确的因果对应观。好的教育，就是让因果真实呈现。

18

问：我小孩今年读初三，成绩在年级排名还算靠前，之前中考目标也明确。但这次考试他的排名后退了十几名，他感到压力很大，一回来就说没有前进的目标，感觉一下子失去了动力，没有追求。从家长层面来看，有什么好的说法可以正确引导他吗？谢谢！

答：十多年前，我在中山大学东校区公共关系专业授课。对这个专业的大学生来说，每年最重要的赛事就是中国国际公共关系协会主办的全国大赛。那一年，我招募了几名大二、大三的学生组成团队，进行一个月的密集训练。我指定大量书目阅读，要求高强度写作，并告诉队员：之所以选中他们，是因为他们智商超群，有缜密的逻辑，希望每个人都能发挥自身优势。最终这支代表队获得全国一等奖。

直到今天我都没有告诉他们，当时的队员组合实质上是无差别招募，他们跟其他同学相比并无任何不同，只是我告诉他们与众不同，而且让他们相信了这一点，并要求他们发挥出这种与众不同的潜力。他们最终做到了。

在心理学中，这叫皮格马利翁效应。你对孩子的殷切希望，能戏剧性地收到预期效果。鼓励你的孩子，相信你的孩子，并且让他相信你的相信，奋发向上，发挥潜力，成就之花就会粲然开放。

第十八章

欢喜便是禅

无上的寂静在内心深处

#问答林景新#

有一年春节，我驾车从广州出发，用一个月时间穿越中国西部，游历山水并不是目的，探索生命的意义方是兴趣所在。

生活中有两种人：一种一年到头都在打拼事业，把玩乐视为人生的浪费；另外一种一年到头都在玩与行走，偶尔的严肃工作只不过是为了更精彩的玩乐。

如果你问我更欣赏哪种人，我的答案是玩得极致的后者。玩得极致也是一种打拼，玩得精彩也是一种境界。正如我认识的那些虔诚的宗教信仰者，多数人并不严肃，灵魂有趣、多才多艺反而是他们的共性。

什么是禅？欢喜处便是。

想走好漫长人生路，一个人必须有所热爱、有所专长。有所热爱的人，情绪有寄托，心态更健全；有所专长的人，能力可发挥，内心更满足。

有所热爱，有所专长，这就是信仰。

行走世界是我的热爱，认真思辨是我的专长，这或许就是#问答林景新#这个公益心理咨询栏目能被我一年一年坚持下去的原因吧。

谢谢所有提问者，正是你们的困惑成就了我的信仰。解答令人欢喜，欢喜处便得禅道。

01

问：老师，求问，如何面对感情的求而不得？

答：佛曾带着弟子在舍卫国的郊外行禅，忽然一个农夫呼天抢地地从他们身边跑过，慌张地逢人就问："我的牛丢了，请问谁看到了吗？"

佛转过头来对弟子说："看到没有？你们没有牛，所以从不存在丢牛这种痛苦。"

执之，失之。

02

问：老师，我是一个48岁的父亲，今年是我的本命年，送我一句中年男人的本命年诫言吧！

答：少说，多做，勤买单。

03

问：老师，我爸妈常年感情不好，作为他们的女儿，我该怎么办啊？我也深受他们影响，根本不敢组建家庭。

答：从科学的角度阐述，死亡是我们唯一确定的事情，其他的一切都不过是概率而已。当年你的父母为何会结合？他们为何会吵架？他们吵架之后走向离婚还是和好？子女长大后会不会重蹈父母的覆辙？一切都是概率事件。当你把只有一定概率发生的坏事当成人生定数，把自己变成悲观主义者，人生就成悲剧了。

作为子女的你或许无法阻止父母关系恶化，但你可以虔诚地为他们祈祷，并客观地用概率论看待这一切，因为每一个明天都可以变成全然不同的一天。几十年吵闹不休的夫妻可能忽然间偃旗息鼓，甜蜜共老；和谐相处的婚姻也可能忽然间土崩瓦解，你死我活。

我笃信科学，但面对许多人生无法解决的痛苦，我学会了祈祷，祈祷会给人带来相信。我们必须拥有一份坚定的相信，相信天会蓝，活着可以幸福，婚姻能够甜蜜……

你要相信祈祷的力量，相信美好的事情即将发生，相信乐观主义者终将获得幸福。

04

问：林老师您好。周五晚上家母仙逝，我心痛到不能呼吸，一方面想着受病痛折磨四十多年的她终于解脱，另一方面不能接受她一句话没留就突然离开……白天忙碌还好，晚上一觉醒来，想起种种，心痛不已！世界太魔幻，很多事都做不了，特殊时期没有遗体告别，连及时入土都是奢望，要等待一个月以后。不知您可否指引我，这个阶段还有什么可以做的？

答：西藏的有些修行大师，每天晚上喝完水就会把自己的水杯倒着放置，因为他们不确定自己明天是否还能用到。佛教的证悟，就是洞悉无常。接受无常这一真理，你就能接受一切不在预期之内的事情，包括亲人忽然离开，话语来不及诉说。在死的一刹那，一切的痛苦都消失了，所以，不要为亲人的离开过度哀伤。

你可以用你母亲的名义行善，比如放生、捐献财物、教授知识等，让母亲的福报不随身亡而消散。只要世间仍然有人记得，那么离开的人就不会真正死亡，因为生命只是转换了一种形式。

05

问：您好！我最好的闺蜜近半年来被感情问题困扰，我也不知如何才能帮到她，特请教您！事情大体是这样的：她再婚后，发现老公打牌、打麻将都是玩钱的，有时还玩得很大。据说她老公已经背着她输了十几万。但她老公每次都骗她说不玩钱，打牌是他的一点爱好。她老公虽也能帮着做些家务，但是一周总有一晚打到一两点以后甚至彻夜不回，怎么劝都不听，也不让我闺蜜知道在哪里玩。每周这样吵，她都烦了。最近闺蜜阳了，她老公说家里空气危险，更想出去玩。她总是在痛苦中纠结：这样的日子什么时候才能到头，要不离婚算了？您的意见呢？

答：人们选择结婚，是因为两人的世界让人幸福，而不是结婚可以让人松一口气，更不是觉得自己总算完成了一项任务。

人们选择离婚，是因为他们明白：离婚不是结婚的反义词，结婚是为了幸福，离婚也是。明白了这句话，你的朋友就能清楚如何选择。结婚是为了幸福，而不是为了完成。

结婚是为了幸福，而不是为了完成

06

问：我和女朋友在一起3年了，她对我一会儿冷一会儿热，一会儿说结婚一会儿说分手。我如何能猜透女生的心思呢？还可以跟她结婚吗？

答：女人心，海底针，我们无法知道她们下一秒的想法，又如何能知道她们漫长一生的想法？婚姻就像轮盘赌，没有绝对的正确选择，唯一正确的心态就是愿赌服输：赢之，你幸；输之，你命。任何时候作出选择后，不回头、不抱怨，你就无悔一生了。

07

问：老师，我和老公在香港共同经营公司。我们有两个小孩，其中一个患有孤独症。自从知道孩子特殊之后，老公负责在外工作赚钱，我负责陪护孩子，同时管理公司。但发生家庭矛盾时，老公总说家里的钱都是他赚的，我不能接受他的说法，为自己的付出没有被看到而感到愤懑。

几天前老公跟我吵架后离家出走了，我不知道该怎样走出困局，请老师帮帮我，指点迷津。

答：你非常了不起。但要知道，你现在遇到的最大问题不是丈夫为何会变成这样，而是你失去了自我。

母爱是伟大的，但容易因为爱而一叶遮目。你全心照顾孩子，是否没有了生活情趣？没有了与丈夫沟通的耐心？很久没有和家庭成员一起去旅游？

当痛苦来袭时，你要学会观照内心，你会发现一切烦恼的根源在内，而不在外。

亲爱的朋友，去找回自我吧，永远别让自己的心死去，这样你想要的人生就会慢慢回归。

08

问：林老师您好，我患有焦虑和抑郁，还患有乳腺癌，最近化疗第三期带来的副作用让我很抑郁。想请教您，我该如何化解现在的消极情绪？

答：在我教授心理学这些年，有两个原则对我影响甚大：一个叫"零食运动"，另一个叫"自我效能"。前者指的是一种化整为零的运动习惯，后者指的是一种累积正向暗示的心理习惯。

血清素太低时，人容易感到焦虑与不快乐，这就是抑郁的根源，而日晒与定期运动能增强血清素的分泌。许多抑郁症患者没有动力去运动，所以化整为零式的运动习惯更有效用。看电视时，你就一边跳绳；看到台阶时，你就小跑……只要每天有几次一分钟的高强度运动，就能增强心率循环，促进积极情绪的产生。

自我效能指的是在治疗过程中，正向的心理暗示能提高身体机能。你可以为自己每天的进步建立奖励机制，比如某一天做完治疗胃口依然很好，以前害怕打针而现在能从容应对。任何微小的进步你都记录下来，并且给自己实时的肯定与奖励，最好请亲友见证。这样会带来欣慰，胜利会带来动力。

我的朋友，相信科学，愿你安康。

09

问：我女儿今年25岁，名校社会学硕士毕业，一个坚定的环保主义者。从去年开始，她宣称不再过生日，理由是"她被生出来被迫活在这个糟糕的世界，本来就不是什么值得庆祝的事情"，还说"如果非要许一个愿望，大概就是在可预见的将来可以安乐死吧"。她的成长背景与经历和"糟糕"扯不上半点关系，作为父母，我们多少有点受伤。她目前就职于一个公益机构，服务弱势群体，看上去也乐在其中。林博士，您怎么看这个问题呢？谢谢！

答：我曾认识一个25岁的姑娘，口口声声说婚姻很扯淡，说自己是坚定的不婚主义者，后来遇到了爱情，相处一个月就结婚了，甜蜜暴击了许多人。言语并非一定是意志的真实，而更可能是情绪的伪装。

你的女儿只是在表达上特立独行，行为并不愤世嫉俗，而且有慈悲心，作为父母，你要高兴，有思想的人才会特立独行。

人生的悲哀就是每个人被迫活得一模一样，人生更大的悲哀就是强迫你的人是最亲近的父母。

不必定义孩子的人生，而是要理解他们的选择。去尊重、鼓励并适当参与女儿的工作吧，这样你就能更理解她。

10

问：林老师，上个月我舅妈因扁桃体发炎疼了两天在家休息，却意外离世了。很难想象前两天还见面说话的人，就那么突然地离开，我实在难以接受，内心自责懊悔：如果劝劝对方去医院，会不会就能改变一切？但哪怕我舅舅相劝，我舅妈也只会说买药吃看看。我时不时会想起她，既是自责懊悔，也是害怕这样的无常。我无法与家人、朋友诉说这种痛苦，每每看到她的微信号，就难过得不能自己。来日方长究竟能有多长？我又能怎样做，才能缓解这种悲痛？

答：亲人离世，悲伤难抑，并不需要刻意让自己去忘却或者缓解这种悲伤，反而应该怀揣这份失去的痛，升华并转化它，替已逝亲人延续其在世间未竟之事。

如果亲人喜欢种花，你就把花圃整理得百花齐放；如果亲人乐善好施，你就替她延续慈悲；如果亲人顾家孝顺，你就替她尊老爱幼。把悲伤转化为爱，这是我们对已逝亲人最好的怀念。

人生苦短，唯爱永恒。

11

问：打扰您了！诚恳向您请教一下青春期孩子的教育问题。我儿子今年14岁，平时比较乖巧，内敛的个性致使他总是不敢大胆表达自己的情感，生活中比较黏妈妈。他学习成绩不错，但我总觉得他缺少拼劲，请问该如何引导孩子更积极阳光一些，愿意大胆表达自己的想法？恳请林教授赐教！

答：一个人个性的形成由三个因素决定：相处的人、读过的书、走过的路。对未成年孩子性格影响最大的因素是日日相处的人。孩子的性格隐藏着家庭文化氛围与父母的处事方式。

要让孩子更积极阳光，我的建议有三点：

第一，创造轻松欢乐的家庭氛围。压抑的家庭只会让孩子压抑个性，欢乐的家庭造就阳光的孩子。父母培养一点幽默风趣感很重要。

第二，培养孩子多元化的兴趣：球会打几样，乐器会一点，游泳能"狗刨"……爱好就是个性。

第三，勿对孩子管束过严。自信来自对生活的把控感，当孩子觉得自己有生活的选择权时，就会产生更积极进取的意识。

榜样引导、培养兴趣、赋予权利，做到这三点，你的孩子一定会沿着正确的方向成长。

12

问：林老师您好，我最近有个心结难以排解。我为部门效力了6年，去年年底结婚，现在准备要小孩了，直属领导却开始给我穿小鞋，准备借故调走我。面对职场的不公，我真的觉得很委屈。我在年后才走，现在都不知道怎么面对他们了。

答：只要你心智足够成熟，你就会发现，你的生活是痛苦还是幸福，绝对不会是因为别人对待你方式的好坏，而是取决于你遇到事情时的归因习惯好坏。

如果你习惯悲观看待职场，就会觉得别人对你好，不过是在利用你。别人不高看你，是因为心胸狭隘，于是你会走向怨恨、对抗、消极，心态变得极端，更多的霉运由此开启。

如果你习惯积极看待人生，就会把挫折到来视为心智历练，把愿望未竟视为努力提醒，于是你会精神抖擞，奋发图强，依然心态平和，人生新的篇章就此展开。

如何对待职场被穿小鞋的心态，就是你日后处理家庭矛盾的心态。正确地进行心理归因，人生永远阳光明媚。

祝你心态阳光，人生明媚。

13

问：老师您好，我一直很喜欢看您的朋友圈，心里也憋着一个问题想向您发问。我丈夫很努力地赚钱养家，但性格比较冷漠。我们夫妻结婚7年，至今一直都是分床睡。我感觉很痛苦，但孩子还小，也不敢提出离婚。请教老师，我该怎么办？

答：有一对夫妻，丈夫冷漠刻板，从不做家务，对于妻子怀孕生子也没有半点体贴，两人经常冷战，妻子花的每一分钱，丈夫都记在账本上。妻子认定丈夫天性冷漠，于是与他离婚。半年后，丈夫又娶了新人进门，拍婚纱照，度蜜月，包做家务，工资上缴……不仅对新欢体贴入微，而且浪漫十足。

没有天性冷淡的男人，只看他暖谁而已。爱一个人，眼睛会说话，身体会有反应，就算再忙也会有时间。

14

问：睿智的林老师，新年好！向您求助：我哥和我嫂离婚已有7年，离婚之后我嫂因伤心太深，遂与佛结缘，借以疗伤，参悟人生，其状态逐渐恢复平静。但家庭的不完整导致他们三个小孩的教育出现问题，而且我哥经过几年折腾，有了复婚之意，双方家庭都极力赞成两人复合。我充当中间人出面协调，力促破镜重圆。几经劝说，我嫂回复很满意现在的生活状态，心如止水，屡次婉拒。昨天她发来几条短信："人的一生总是有些不圆满，留点不圆满给自己修炼吧！""聚际必散，积际必尽，高际必堕。""万法都是无常，人的美貌、财产、感情都是无常，没有什么好执着的。"

请教林老师：我哥我嫂这种情况有无复婚的必要和可能？我该怎么说服我嫂再续前缘？谢谢老师！

答：在两性关系中，人们通常因为某种冲动走向结合，最后却因过于冲动而走向分手。

在婚姻分合之中，外人的劝导都可能是出于好心，却可能会导向坏结果，因为他们无法看到婚姻中的真实。你不应劝说你嫂子，而应劝说你哥哥用三个月时间平静回顾往日夫妻生活，再回顾分手这7年……缘之风会重新刮起。他们要么再连婚姻之缘，要么缔结纯真友谊之缘。

15

问：林老师，想问一个问题：结婚的意义是什么？或者说根本目的是什么？

答：特斯拉公司的创始人马斯克在最近一次采访中说，自己没有买房子，出差时借住在朋友家。作为全球首富，马斯克结过三次婚，离过三次婚，有九个孩子。

对于人生处于高段位的人来说，世上的一切都是使用物，职位、房子、金钱甚至婚姻，他们不需要占有，因为他们有能力随时拥有。他们维系人生之船的稳定，不需要依靠任何特定之物，自我强大的心力就是最牢固的锚。

而对于普通人来说，缺乏这种强大的心力与能力来时刻实现平衡，比如顾此失彼的家庭照顾、经济下行的独力难撑、漫漫长夜的寂寞难耐，这些重压会让人生之船骤然失衡。**失衡感，就是人生痛苦的根源。**

让人生之船最大限度地保持平衡，这就是结婚的意义。即使现在你月收入才六千，但婚姻甜蜜，你也可能会可怜马斯克：一个月赚60亿有什么了不起，身边连个热炕头的人都没有……这一刻，你的内心平衡了，幸福感便油然而生。

16

问：林老师，最近我有强烈的焦虑感，因为我的心电图有一点不正常，ST段改变有可能会引起心肌缺血。我总觉得自己身体有问题，然而我去医院确认过，我身体很好，心脏功能没问题，肺也没问题，不是所有心电图ST段改变的人都有问题。拿到报告和得到医生答复后，我一直紧张的心情终于放下了。但不知为何，我还是时刻惦记着这件事，无法释怀，现在每日精神不集中，无法专注工作和休息，好痛苦。我该如何应对？

答：总是莫名其妙地感到焦虑不安，怀疑自己患上某种疾病，对许多事情反应过度，心理学将这种病症命名为"情绪炎症"。

区别于需要药物治疗的身体炎症，情绪炎症不需要用药，而是需要认知与行为节奏的调整。三个建议给你参考：

第一，准确描述情绪，就能降低其负面影响。从今天开始，记录情绪笔记，情绪不适时，用准确的词汇描述它，识别这种情绪的根源。

第二，改变行为节奏。临睡前90分钟实行电子产品宵禁，让褪黑素分泌更畅顺。可以在卧室熏香，好的香味能提升愉悦感，促进睡眠。好的睡眠，能治愈99%的心理障碍。

第三，养成打坐冥想的习惯。疑心病的根源在于杂念丛生，每天打坐冥想8分钟，能让你把狂乱的注意力拉回到一呼一吸上。

我不会祝你康复，因为你没病。我只祝你觉醒，因为你只是认知发生了偏差。

17

问：林教授好！请教您一下，邻居把换下来的旧马桶放在走道里，好几天了也不拿走，看着闹心，我能做点什么呢？

答：没关系的，我也遇到过这种邻居……后来，我只是叹一口气。

这种小事无须耿耿于怀，你实在放不下，今天我去你的楼道里，陪你一起，再叹一口气可好？

18

问：灵魂的本质是什么？

答：灵魂的本质是魂识，魂识就是在场的觉知。

我去过一所临终关怀医院，看着这些即别人世的老人，你会明白生命是多么脆弱，又是多么坚韧。

他们一个个瘦弱无力，但又正是这些人，聚在院子里，谈论着种种乐事，谈至高兴时，齐齐拊掌大笑，眼中那跳跃着的异样光彩，让人恍然相信生命还可以重新来过。曾经的惊涛骇浪，曾经的心酸苦痛，都不再重要了，唯一有意义的就是对当下有限时光的觉知。

生命就像爬山，这些老人费尽一生的种种努力，终于站上了人生的顶峰，一览来路众山皆小，而远处另一座恢宏的天国高山正在召唤。正是在这蓦然回望中，他们获得了一种对生的深刻感知及对死的深层认同。从某种意义上，死亡只是一种循环，就像一滴水回到了海洋。

灵魂就是一种在场的觉知，魂识出此身、此地、此刻的意义。

在无限中，在场是唯一的真实。

第十九章

可以怀疑一切，但绝不要怀疑因果

只要有开始，就一定会结束

#问答林景新#

由于教授心理学的缘故，每天都有学生在微信上向我提问各种人生困惑，许多生老病死、生离死别的问题非常令人痛苦，有时回答一个问题，我需要久久思考，甚至久陷某种情绪之中。后来，我明白了面对别人痛苦的求助，"共情"是错误的，"慈悲"才是正确的。前者是自我被卷入，甚至被别人的负面情绪所染；后者则是理智地看待，以出离之心理解他人痛苦，更重要的是运用智慧帮助痛苦者看清因果的链条，最终帮助其中止痛苦的循环。

我不是任何宗教的信徒，但我坚信因果，种瓜得瓜，种豆得豆，爱出者爱返。千百年来，从来如此。因果论是世界上最普通、最常见却又最容易被忽略的定律。

世上发生的一切都不算奇迹，因为既然发生了，说明必有令其发生的因与果。

所以，我们可以怀疑一切，但绝不要怀疑因果。事情发生了，说明在我们看不见的空间，因果的种子早在生根发芽，只是我们之前不知道。

世上没有奇迹。一切都是明明白白的，没有无缘无故的爱，也没有无缘无故的恨。

所有在#问答林景新#中出现的问题与回答，都是因缘吹向你我的风。

01

问：林老师您好，以前一位很好的领导给了我以下评价：优点是老实，缺点是太老实。经过很多事情，我也觉得老实人很多时候都是吃亏的，这种情况怎么改善？

答：我爹跟朋友聊天时，常这样评价我："唉，我儿子啊，他的优点是有错就改，缺点则是他从来不觉得自己有错。"

在教授心理学之后，我并不认为我爹对我的评价是笑话，反而是无比正确。按照精神分析逻辑，每一种情绪与性格都是矛盾的统一，冲动意味着活力，坚强意味着自我，迟钝意味着老实。这说明，一个人最大的优点中同时蕴藏着他最大的短板，反之亦然。如果瑞士心理学家荣格是你的朋友，他会告诉你：如果老实是优点，那么缺点不会是太老实，而是迟钝、古板与懦弱。明白了性格中的矛盾辩证统一，你就能明白为何老实人总吃亏——不是老实，而是迟钝、古板与懦弱的性格造成处理问题时无方向、无能、无效率。

02

问：我孩子在学校遭遇冷暴力该怎么办？她说有个女同学和她产生误会后，总是联合其他同学孤立她，说她坏话，还总在网上联合其他同学诋毁她、骂她。本来孩子性格很开朗，慢慢地变得敏感，很害怕上学，甚至有自残倾向，多次用小刀划手臂。她暂时还能倾诉出来，就是感觉没法排解。求老师指点。

答：如果一个班里的女同学都喜欢追求物质，只有一个女同学从来朴素，那么这个简朴主义者大多情况下会被孤立。一个四人宿舍里，如果三人都爱玩游戏，唯一不玩游戏的孩子也容易被孤立。

要告诉孩子一个真理：有些时候一个人被孤立的背后，藏着的是某些人的羡慕，并不代表他不如人。

在这个阶段，父母要安抚孩子的情绪，引导孩子看到自己的优点，支持孩子发挥所长，帮助孩子建立自信，这是建立孩子内在稳定性的最好方式之一。

疏导孩子情绪的一种有效方式就是提高"情绪颗粒度",即负面情绪辨别力。当孩子内心有苦楚时,家长要引导其用准确、形象的词来描述那种感觉。比如,建议孩子给排挤自己的人写封信,越详细越好,但写完不必寄出。这种文字疗法是心理学家荣格推崇的情绪疏导方式,是走向心智成熟的途径。

真正的疗愈,就是小孩的内在成长。一个人一旦能勇敢面对困境,真正的成长就开始了。

03

问:老师,请问男人饮酒好吗?家里人都反对,我无法与他们沟通。

答:唐代李白"斗酒诗百篇",不是因为酒,而是他本来就才华横溢;东晋时期竹林七贤之阮籍才情盖世,但酗酒成性、放荡不羁,最终酒后而亡,不是酒亡他,而是他对朝廷不满的郁结太深。

古往今来,没有一种东西比酒承载更多的无辜与无奈:酒后失德,多少人把人性之恶推给了酒的迷乱;酒后乱言,多少人把头脑简单说成了酒的怂恿;酒后癫疯,多少人又把蓄意放纵说成了酒的迷醉。

我没有见过多少男人正常饮酒会被家人反对,因为酒、咖啡、烟、茶,不过是生活调味品,无好无坏。只有把它们当成夜不归宿的借口、放纵自我的理由,才可能被家人强烈反对。按这个逻辑,饮酒已经成为你伪装一切的盾牌,只是你不肯承认。

回头是岸,兄弟。

04

问:我奶奶上周一去世,在奶奶去世的这段时间里,我总是想起以前生活的点点滴滴而不能自己,现在整个人无精打采,甚感生活无趣。请问林老师,我应该怎样调整?谢谢!

答:加纳北部的土著在亲人葬礼仪式上会围着棺木载歌载舞一整夜,

欢乐的歌曲会被一一唱颂。加纳人相信，欢乐能安抚灵魂，让离开的人看到他们在世的亲人一切安好。

　　无独有偶，庄子在其妻下葬当天"鼓盆而歌"，把至悲隐忍成一种欢快的喜。我曾不理解以上举动，但教授积极心理学之后，忽然明白这反常悖礼的行为背后的意义：真正的离别没有桃花潭水，没有长亭古道，而是在阳光明媚、百花盛开的早上，我们拔腿向前，而有人却永远留在了昨天。对于留在昨天的人，最好的缅怀不是哭泣，而是让他们看到曾一起前行者继续前行的勇气、信心与乐观的心态。

　　如果你的奶奶喜欢唱歌，你就去唱她喜欢的歌。如果她喜欢跳舞，你就去跳她喜欢的舞。热爱在延续，生命就不灭。

死亡不是结束，忘记才是

05

问：我家老大今年读初二，正处于青春期，很叛逆，哪天没跟我和她爸怼一下就像白过了。

她热衷于追星、唱歌、玩手机等，成绩下滑到中下游了。最近她努力说服我们带她去澳门看她喜欢的女团演唱会，作为回报，她承诺不气我们并提升学习成绩。我是该顺应她的期待还是该果断拒绝呢？

答：人的一生都活在"奖惩/反馈"的无限循环机制中，区别就在于有些人建立在自律的意志上，有些人建立在他律的谈判上。

孩子提出谈条件是自我意识的觉醒，没什么对错，关键在于父母如何建立诱因与结果的正向反馈。

与孩子谈条件时要注意三点：

第一，让孩子明确责任与义务的区别。明晰定义，培养孩子的责任意识，让孩子明白不是每件事都可以谈条件的。

第二，给孩子画底线。如果触犯底线，就必须惩处。

第三，多给孩子惊喜，以精神奖励代替物质奖励。有个小孩喜欢哆啦A梦，老逃课，父亲告诉他如果他认真学习就会送他一个惊喜。学期考试结束那天，父亲穿了一套哆啦A梦玩偶服来小学门口接他，被全校围观。他惊喜之余，更感动于父亲的用心，从此用心读书。这说明，新的思想会源源不断地影响你的孩子，不要太担心，成长需要时间，沟通需要耐心。

06

问：林老师，我刚大学毕业步入社会，还没了解自己，就被父母安排了相亲，着急嫁出去了。丈夫是个妈宝男，一个思想上还没戒奶的孩子，他母亲心地善良却思想愚昧，导致现在丈夫接近40岁还依附着家里生活。

我曾经多次提议与丈夫搬出去住，独立生活，但他只会实施冷暴力。结婚11年，在结婚的前3年丈夫从未找过工作，也没想过要去工作，后来我娘家人看不过眼，给他找关系找到一份月薪3 000多元的工作。大女儿9岁，现在开始表现出没意愿和没动力学习，状态是萎靡的。我该如何解救自己和帮助他们，我现在真的内耗，完全失去了能量。

答： 我认识广州某个村的一个土著男生，他每天都笑眯眯的，不爱旅游，不爱交往，没上过班，唯一的工作就是帮父母收租……后来结婚生了娃，依然不爱旅游，不爱交往，无聊了就刷一下手机。日复一日，年复一年，世界兴衰起落，人生悲欢离合，好像一切都与他无关。

后来，他的老婆带着孩子离开了，他又经历了父死母病、房子着火，还是每天笑眯眯的，好像一切都与他无关。

亲爱的朋友，不要说你已经没有能量了，能与这种一切都与他无关的男人共同生活十几年，这就是你的能量啊。许多人之所以活得痛苦，就是因为忽视了自己的能量。

07

问： 我的父母现在84岁了，在新疆生活，由我弟弟照顾他们。去年父亲脑出血，治疗后效果不错，生活还能自理。我和家人在郑州生活，原本请假去新疆看望父母是很容易的事，可凑巧赶上女儿生孩子需要照顾，她丈夫在深圳上班没回来，女儿还不愿意请保姆，不放心外人照看孩子。我还没退休，只能间断请假帮带孩子。可我弟弟不愿意了，他说父母年纪大了，陪伴的时间越来越少，而我的孩子以后要照顾的时间多着呢，孩子也不在乎这一段时间，要我马上去新疆照顾父母。可是我女儿也是第一次当妈妈，带宝宝没经验，也离不了我呀。我感觉分身乏术，心里烦得很，希望老师能为我指点迷津，帮帮我吧。谢谢！

答： 一个人行事时，发心比行为更重要。

赡养老人与抚育孩子都需要巨大的精力，但每个人的发心不同。出于人的天性，父母抚养年幼的孩子多数是真诚的爱，但子女赡养年迈的父母常常只是因为不可推卸的责任。

心理学同样有一条原则："行动比语言更真实。"潜意识的动作比口头表达更能体现真实意愿。不管你承不承认，其实你已经作出了选择，只是需要无谓的安慰。我建议，现在就去给你弟弟转一笔钱，金额之大足够让你赎回对父母的愧疚，足够让弟弟消除怒火，足够日后孙儿长大了会为你对父辈的慷慨无私而自豪。

08

问：我的奶奶年前离开了我们，我时常想起她，伤心落泪。偶尔失眠的时候，和奶奶在一起的画面就像播电影一样不断重现。前几天，我梦见奶奶说她太冷了，忘记带衣服了，回来拿衣服。在接下来的几天里，我都一直想着她很冷这件事情。路上看到和奶奶相似的人，我都会望一眼，哪怕开着车，也会回头看一眼。人真的有前世今生吗？真的有天堂地狱吗？老师，我该如何让自己接受奶奶真的离开了我？

答：地球上的所有生命都来自海洋，当人生的困惑无法排解时，你就去看看大海。

在波涛汹涌的海边，你仔细凝视海里的浪花，波波相接，欢快奔腾，刹那示现，瞬间消逝。风起时，它们有了今生。风平时，它们成了前世。对于浪花而言，存在不是天堂，消逝也不是地狱，生命只是日夜不停地在转换流动，有时惊涛拍岸，有时暗流涌动，没有苦、没有乐、没有得、没有失。海洋只是永恒在流动，浪花只是永恒在奔腾。许多年前，你的奶奶或许也曾站在海边，看着若远若近的海浪，流着泪想念着她的奶奶，但看到海浪滔滔不息，她就知道每个别离的人，有一天定会再次相聚。此时此刻，你悲伤怀念奶奶，她却在与自己的祖辈欢喜相聚。

不必为离别而哭泣，不必为浪涌而落泪，生命是大海，今生只是浪花。当你太想念某人时，就去海边捡一只螺，放在耳边，你就会听到似曾相识的声音，远在天边，近在眼前。

09

问：教授，我先生2月11日突发疾病毫无征兆地离世了……这件事对我打击很大。我先生风趣幽默、热心助人，真的是一个很好的人。我是成都人，和他在北京认识，从2003年至今已经20年了，因为他，我来到了他生活的城市，我们既是朋友，又是夫妻，还是战友……我们的孩子13岁。一切都发生得很突然，我很心痛，我也知道要走出来，但晚上就是很难入睡……我很想他，我现在真希望他能够每天来我的梦里找我……现在我很痛苦，您可否给我开导？

答：我曾去看望退休老教授金，一个月前与他感情笃深的太太刚去世。谈起相伴一生的人离开，金却平静地说："林，不用安慰我，我和太太之前谈了很久的异地恋，现在只不过是变回我们两个最擅长的异地恋而已。"

如果把生与死视为生命的此岸与彼岸，那么那些被死亡分开的夫妻只是开启了异地恋模式而已。人生总会再见。再见，是为了再见。**人生是甜蜜的相聚，中间夹杂着一次漫长的别离而已。**所以，每个人都必然要经历一段漫长的异地恋，无一例外。

我的朋友，请你擦去眼泪，拿出异地恋的心态，用甜蜜去思念，用热爱去生活。

10

问：孩子今年高考，但成绩不太理想，最后被外省的一所民办本科院校录取了。孩子接受了这个结果，但作为父母，我们很想让他读公办院校，哪怕二本院校也行。对于他被民办院校录取，我耿耿于怀，无法释怀。孩子平时很努力，成绩不太理想，我一直觉得与他喜欢玩游戏有关，高考前也找他谈过心，想让他暂时放弃游戏，可他就是不肯，最后导致了现在这个结果。请教一下教授，我该怎么做才能放下焦虑，真正做到释怀呢？期待您的回复，谢谢林教授。

答：虽然孩子的高考成绩不理想，但如果进入大学后，他依然可以保持努力的姿态，父母就不需要担心，努力的意义大于一切。

民办院校重视实践，喜欢动手的学生更可能学到可以马上应用的一技之长。如果孩子对现在的状态坦然接受，他就会获得快乐与自信，一个人只要快乐与自信，人生之花必然向上生长，最终蓬勃绽放。

好的人生一定是坦荡荡的，你要相信所有事情到最后一定是好事，如果不是，那就是还没到最后。

11

问： 我家儿子现在读高二，但从这学期开始他就不想去上学了。孩子的成绩是中上靠前，他的成长基本上是饭来张口、衣来伸手那一类，也没受过什么挫折和打击。孩子的个性较强，在学校不合群，所以受到了排挤，甚至没人愿意跟他说话。

孩子现在不跟我们说为什么不去学校了，我们一提去学校的事他就烦躁、发脾气，我们又不敢逼他，怕他做出什么极端的事来。如果现在这个年龄就不去学校了，真是全家人的痛苦。恳请林老师给我们建议。

答： 在成长过程中，孩子会出现各种性格和行为，这些都不能说明什么，只能理解为成长的必然烦恼。

任何时候，当家长与孩子在学习上有强烈的意见分歧时，最重要的不是谁说服谁，而是保证不激化矛盾，不让孩子的思想行为走极端。以往你对孩子过度宠爱，他已形成唯我独尊的性格，所以必须用以柔克刚的方式去沟通。

如果他非常反感现在的学习，不妨暂时让他休学，循其意愿去做他力所能及的事或谋生、劳其筋骨、空乏其身，这是对一个人心性最好的改造。

建议你去读读"孟母三迁"的故事，为人父母不是提供物质支持就够了，深入理解、有效陪伴、思想互动才是关键……我觉得不是你的孩子要改变，你才是真正要改变的那个人。

12

问： 林老师，您好。我是一个离异带孩子的男人，几个月前认识了一个女孩，她所有方面都很好，我还把她介绍给我最好的朋友认识了。但她的反馈是我没问题，无奈她家里人反对。她家里人的"抗议"越多，她对我的态度就越冷淡。原本感觉是双向奔赴，渐渐地好像只有我在奔跑。我所有的朋友都让我放弃，可我不舍得。当局者迷，请问我还要继续吗？

答： 谈恋爱是两个人的事，婚姻却是一群人的事。家人的理解、融入与支持，决定了热恋的冲动消失后，婚姻生活能否平静继续。恋爱只是炫耀彼此的上限，婚姻却是接受彼此的下限。喜欢你的人，会喜欢你的一切。厌恶你的人，会厌恶你的一切，包括你视如珍宝的孩子。虽然甜蜜的恋爱很有吸引力，但家人的冷淡或者鄙夷的神色会让你受伤，恨的种子就会落在内心。大部分的女性拗不过家人的意见，所以我建议你离开，带着平静的心。日后你一定会感激他们今天对你的拒绝，这让你有机会拥有更合适的伴侣。如果事不如愿，一定是上天对你另有安排，莫强求。

13

问： 林老师，我奶奶肺癌晚期了，她不知道病情，现在越来越重，呼吸困难，疼痛，吃不下东西，我们在纠结要不要把病情告诉她，想请教一下您。

答： 阅读你这段话时，我仿佛看到一片树叶在风中轻轻摇晃，随时可能从树上掉落。这片树叶经历岁月的洗礼，醇厚金黄，颜色饱满，纹理清晰，这是生命独有的年轮。在这片树叶的背后，新的嫩叶正在长出，翠绿欲滴。而树下，其他金黄的落叶正在欢快招手，等待欢聚，等待新的开始。

即使不被告知，临终的人也能从亲人的表情、医生的态度看出病情端倪，这时他们会被惊恐淹没。你是医生，比我看过更多这种局面。人们对待死亡有四种态度：否认，逃避，讨价还价，从容接纳。临终关怀就是让临终的人跨越前三，抵达从容接纳。所以你要告知奶奶真实的病情，并为她进行生死观辅导：没有永远的告别，一切只是在轮回。她的亲人正在遥远的地方等待她，不要害怕与担心。

天气晴好时，带奶奶去院子走走，拾起一片金黄的落叶放在她的手心里，再让她看看树上的翠芽，告诉她，春去秋来，在季节变换时，要期待新的开始，无须害怕，无须担心。相信我，这一刻一种神奇的力量会加持于她，让她无惧，让她喜悦。

14

问：亲爱的林老师，我的爸爸73岁了，因为脑部基底动脉狭窄入院治疗，做了一次介入手术，现在每天都要吃药，控制血脂。每次复诊，医生都叮嘱他戒烟，因为吸烟对血管的危害很大，会影响他的病情。爸爸估计从20岁就开始吸烟，是一个老烟民，烟瘾特别重。他对我说，爸爸都这个岁数的人了，现在每天都要吃药，提醒着自己是个患者，心情很郁闷，如果连吸烟都不行，人生就没乐趣了。于是，他又开始吸烟。我很爱我的爸爸，应该怎样看待这件事情？

答：有一个男人，烟瘾特别大，他的身体出现病痛，很想学习修禅打坐。他对师父说："我无法放弃抽烟，又想修禅，你可以接纳我吗？"师父说："可以。"

这个男人在跟随师父专心修行时，感受到证悟智慧其乐无穷，最后竟然忘了抽烟这回事。整个过程，师父并没有强制他戒烟。

心理学有一个原则：你眼中的问题可能是别人的解决方案。要别人放弃所谓的问题，不能只靠言语劝服，而要提供新的解决方案。人在生病时，更需要精神寄托，只有注意力转移到某一个点上，疼痛与苦闷方能有所缓解。你父亲平时可能是享受烟的味道，他现在需要某种替代行为来疏导郁气。你不妨让他试试坐禅，禅定宁静的氛围或许能让老人缓解内心郁结。情绪一旦得以疏解，行为自然得以自制。

15

问：林博士您好，之前听过您的课，受益匪浅，特意来请教您一些教学上的问题。本人最近刚入职民办大学教授公共课，带了十几个班级，大部分班级上课状态都比较好，学生也有很好的反馈。但是其中有一个班级的纪律很差，一上课学生就一直说话，因为我性格比较温和，不太懂管理他们，现在发展到他们上课说话的声音都盖过我了，我都没喊下课他们就自己走了……这个班级的问题让我很头疼，有时候还会梦见给他们上课，被吓醒了，现在一想到要给他们上课就很难受。想请教下您，我该如何应对呢？

答： 一个课堂如果要吸引学生认真投入，要么有料，要么有趣。有料指的是实用性，知识能让学生马上看到转换价值，甚至现学现用；有趣指的是教学方式新鲜特别，一进课堂一听教学，就有被治愈的感觉。

按这个逻辑，要让纪律涣散的学生重归认真，你需要从两方面入手：如果你教英文课，试试教他们从写情书的角度来学习；如果你短时间内无法在知识深度上有所突破，那么就在教学方式上下功夫，偶尔角色扮演，偶尔烛光下授课，甚至抓只猫来充当教学工具……只要教学出其不意，学生必然学而不厌。

最后推荐你看看奥斯卡获奖电影《放牛班的春天》，并愿你理解这部教育电影的台词："教学的艺术不在于传授本领，而在于激励、唤醒、鼓舞。"

16

问： 林老师，有个问题想请教一下：我说话比较直白，不会拐弯抹角，只会做事，不会处关系，工作上不会表达，得不到别人的认可。我也意识到自己说话的方式需要改进，不知道该如何改变现状。

答： 你对自己问题的归因存在偏差。一个人如果得不到别人的认可，很大可能在"真善美"上出了问题。

真：真诚待人，不阴阳怪气。

善：与人为善，为人着想，不两面三刀。

美：专业专注，成绩斐然。

你只需要按照这三点去检讨并改进自己，而不是简单认为自己讲话不够好听，一切就会慢慢改变。

通读庄子著作，他的学术思想有两个关键词很触动我，即"用心若镜""与物为春"。你的心如何，你的世界就如何。用春天般的态度待人，春天就永远在你身边。希望这两个词也能成为你的价值观。

用心若镜，与物为春

17

问：我的女儿今年读硕士研究生二年级，刚刚与恋爱5年的对象分手，她很难过，我该如何安慰她？

答：告诉她披头士乐队主唱列侬的一句名言："**所有事情到最后都会是好事，如果不是，那就是还没到最后。**"让她细细琢磨这句话，然后接下来每天都尽全力，用努力、学识与理性去印证这句话是对的。

18

问：教授，我追求一个女生已经3年，在她身上花了几十万元和无数时间，她却总是对我若即若离、忽冷忽热，一会儿跟我好，一会儿又好像跟其他男生好，我搞不清她是否在考验我。您教心理学，可否告诉我，女生天生就喜欢考验男生吗？我要继续追下去吗？

答： 你竭尽全力都追不上这个女生，我建议你及时止损……停止，转身，把钱和精力投在全面提升自己上，让自己成为更好的人。

得到一个人最好的方式就是让自己配得上她。

19

问： 林老师，最近有个朋友总是找我倾诉，她在家庭、工作、孩子成长方面都遇到了很大的问题。作为朋友，我很想帮她，可是当我开解她的时候，我觉得很无力，常常也引发自己的内在伤痛，这种共情让我久久不能平静。我该如何做？请老师解惑。

答： 一个女子相依为命的70岁母亲忽然去世了，于是她去寺庙找方丈倾诉丧母的悲伤。

方丈问："母亲70岁离开了，你很悲伤。如果她80岁离开呢？"

女子说："我也会悲伤。"

方丈又问："100岁呢？"

女子迟疑了一下，说："应该也会。"

方丈又问："那你母亲多少岁离开，你不会悲伤？"

女子忽然明白，有生就有死，有欢聚就有离别，每个人都必须平和地接受生命循环的完整，而不能妄想执迷一端。

面对别人的痛苦，普通人讲究共情，佛教讲究慈悲。共情是体会，容易被别人的情绪传染。慈悲则是"亲近地理解"，意指清楚对方的痛苦，但更清楚其痛苦的因果链条，然后用智慧帮其解构痛苦，看清因果规律，最终帮其中止痛苦循环。

提高你的智慧，这样面对朋友诉苦，你就可以慈悲引导，而不会陷入无谓的共情了。

20

问：在我很小的时候，母亲出走，离开了我们姐妹，我与妹妹受尽邻里欺凌，父亲靠日夜不停干苦力活养大我们，让我们努力读书。看着因过度劳累异常苍老的父亲，我发誓长大后要努力让他过上好日子。参加工作后，我就不让父亲干重活了，可父亲却活在与邻里的各种矛盾纠结中出不来，并开始酗酒，为此骨折、脑梗，医疗费、照料带给我巨大压力。但他对自己身体好坏毫不在乎，也不认为这对我们有什么影响。因不放心，我经常回家看他，但他总是醉态百出，甚至醉卧路上。我真的很崩溃，觉得自己这么努力想让他过上好生活，为他付出那么多，他却将此践踏得一塌糊涂。我有时会忍不住歇斯底里地咒骂他，情绪总在愤怒与内疚中循环。林教授，我要怎样调节自己？

答：请用怜悯之心对待你的父亲，一颗被沉重命运压碎的心灵，依然期待被关心。爱能改变一切。

从行为分析，你父亲患上躁狂与抑郁双相障碍症的可能性挺大，药物治疗可以有效抑制其躁狂行为，建议联系医院做相关检查。

第二十章

普通人追求快乐，智者在痛苦中追求精神的自由

凡是让你爽快的，最终必令你痛苦

#问答林景新#

《道德经》第十二章写道："五色令人目盲，五音令人耳聋，五味令人口爽，驰骋畋猎令人心发狂，难得之货令人行妨。是以圣人为腹不为目，故去彼取此。"

简单一句话总结就是：凡是让你爽快的，最终必令你痛苦。

普通人日常的生活习惯就是追求爽快：工作上受了委屈，辞职走人，爽快；感情出了矛盾，离婚了之，爽快；心情不好，一醉方休，爽快。这些冲动的逐爽行动总会让人付出代价：工作总在飘荡，感情总在飘行，心情总在飘移。于是，痛苦就无时无刻不找上门来。

心智稳定，情绪稳定，人生才能避免痛苦，才能拥有安静的快乐。

相比普通人的逐爽，智者面对痛苦，不会选择用爽快来消解，而是选择安住。因为他们知道，心安住，情绪才能走向平和，心智才能走向成熟，人生才能在大是大非中作出正确的选择。

每天都有朋友在社交媒体上向我倾诉人生的痛苦，这些痛苦都可以归集于爱恨聚散、生老病死。细究这些痛苦，一部分是人生无可避免之必然，一部分却是人生逐爽的结果。不过分追求所谓的快乐，就可以避开无谓的痛苦。

何为幸福？内心的宁静与精神的自由。

01

问： 我今年33岁，家里催婚很严重，但我是一个绝对明确的单身主义者，对结婚没有半点兴趣。您觉得随便找一个女子结一个形式主义的婚比较好，还是顺其自然，一直单身下去好呢？父母都说如果身边没个伴，年龄大了之后会很痛苦，但是过去10年我都是一个人生活也很习惯。老师，如果您是我，会怎么选呢？

答： 20世纪杰出思想家哈耶克曾说，在这个世界上，平等待人和试图使他人平等这两者之间的差别总是存在。前者是一个自由社会的前提条件，而后者……意味着"一种新的奴役方式"。

你读懂了这段话，就能明确选择。第一，既然毫无结婚的意愿，你就不能去找异性结合，否则就是为了形式的平等，却奴役并祸害了一个无辜女性的幸福一生。孤单并不可怕，可怕的是愧对他人的羞耻——前者容易消除，后者终生相伴。第二，用合适的方式让父母理解平等的含义。人生的选择都是指向幸福，只要一种选择是慎重的，就应该被尊重。你可以请家族中思想开明、有权威的人去与你的父母沟通，让父母理解人生的多样性，让他们明白形式的平等只是面子，内心的幸福才是人生的真正追求。

不要祈求父母马上能理解你，因为改变人的观念如愚公移山，但你始终要用善念去祈祷他们能快乐，正如他们期望你能快乐一样——互爱的心，能融化一切。

祝福你。

02

问： 我今年30岁，事业未成，对人情世故等都不懂。父母时常催促我结婚，这让我有一些不知所措。对于成家立业，我一向认为应该先立业再成家，等事业稳步推进再去思考谈恋爱、结婚、生子。这个小问题希望林教授您可以指点迷津，万分感谢！

答： 先成家后立业还是先立业后成家，这是文字的游戏，不是生活的真实。只要活得足够久，你就会发现，生活中真正有意义的一切总是碰巧发生。转角遇到爱，于是有了婚姻。工作中遇到机会，于是有了事业。

不必追问如何选择才是有意义的，人生从不缺乏意义，缺乏的是活得生机勃勃。

你每天只要追问什么事情可以让自己活得生机勃勃，然后全力去做好它就够了，人生的运气、事业、善缘、爱情就会接踵而至。

03

问：林老师，我很迷茫，想请教您一下。我们夫妻之间似乎已经没有什么感情了，一方随便正常说句话，对方总感觉在怼自己。我们都从自己的角度出发，觉得对方自私，只考虑自己，感觉互不在乎。两人的契合点也不一样，一方倾其所有、投其所好给了对方一个"苹果"，但对方无动于衷，想要的是一个"梨"。双方都是为了一个5岁的女儿在"苟延残喘"，隔一段时间就会爆发一次。这样的婚姻让人很迷茫，还有坚持下去的必要吗？

答：真正爱过的夫妻，遇到任何问题都不会轻易离婚。因为爱一个人，是缔造情感联结的过程。两个人从对方身上感受到了安全感和归属感，满足了内心最底层的需求，相互欣赏、爱慕，彼此支持，形成了情感上的依赖。这份依赖是你们之间的羁绊，会把你们紧紧捆绑在一起。一旦离婚，这些就都清零了。

许多出现裂缝的婚姻，如果彼此的角色转换思考能进入状态，嗔怒与抱怨就会消失。我建议你们角色互换一段时间试试，调整生活中的分工，并一起去做以前不曾共同协作完成的事情，用初识的心态重新看待对方。婚姻中的问题，许多时候是因为人只能看到"我"，看不到"我们"，只要把"我们"找回来了，感情的热度就能恢复。

04

问：老师，我在这个岗位工作了好几年，现在到了瓶颈期，觉得乏味，加上过于看重工作氛围和工作感受，觉得做得很不开心，工资跟工作量不匹配，开始有离职的想法，但是又害怕跳出这个舒适区，我应该怎么去调节？

答：职场中的成功者，准确地说应该称为热爱者。一个人如果从事自己热爱的工作，不但会无比投入，而且效率非常高，最终必定在行业中出彩。

反过来，那些只为谋取工资勉强支撑着的工作，每月的劳动收入不能称为报酬，而应该称为精神损失费。你已经有了工资匹配不了工作量的想法，说明你的内心在抗拒这份工作，继续做下去，你的意志与热爱都会消磨殆尽。建议你转换赛道，但不能用"喜欢"去衡量职业选择，而应将"热爱"作为人生的度量衡。喜欢是刹那间流动的兴趣，而热爱是心底恒定的能量。

只要热爱，你便不在乎一时的工作量，不在乎一刻的回报率，你只会不断精益求精，不断鞭策自我，巨大的能量从心中源源而出，从此你每天都充满了奋斗的活力。

有一天，如果你努力不为成功只为成长，你跋涉不为抵达只为体验，那么人生有意义的一切就到来了。

05

问：我女儿今年已经25岁了，从没谈过恋爱，谈情说爱这事从没经历过，我们做父母的希望她在有年龄优势的时候能遇到一个条件好的男生。但在平时和她交流的过程中，她会不经意地流露出不想结婚生子的念头，这点颇令我担忧。您说有什么办法可以让她有找对象的想法吗？

答：人这一生要追求的终极目标只有一个：幸福。余下的一切，不过是此目标的注脚。

孩子的幸福，父母必须关心，但获得幸福的细节，比如何时结婚、与什么人结婚，倒不必过分操心，因为操心也没用。关心意味着理解与支持，操心则意味着强迫与介入，前者带来和谐的关系，后者只会造就无谓的冲突。幸福像猫儿一样，要想让猫儿坐在你的腿上，就要温柔地无视它，而不是威严地强迫它。

不必在乎年轻人偶尔消极的念头，我见过许多口口声声宣称单身主义的人，当他们遇见爱情时，奉子成婚的速度让人瞠目。

爱情是因缘造就，不是意愿决定，只要一个人开朗、善良、积极，爱与被爱的因缘随时都会成熟。如果你女儿现在缺乏这种性格素养，就努力去培养她这种素养，这就是父母对孩子最好的关心。

06

问：林老师，有个小困惑：您认为30岁这个阶段，抽空看那些心灵鸡汤式的书籍有没有必要？

答：我不太理解你说的心灵鸡汤式的书籍是如何定义的。我认为人生没有什么书属于必读书，爱情没有绝对的理想模式，恰逢其时的邂逅比蓄谋已久更动人心魄。心情低迷时，能让你会心一笑的书就是好书。在30岁这个阶段，多阅读"向前看"（科技、励志、前沿知识）的书比阅读"向后看"（四书五经）的书更有价值。

不论是心灵鸡汤式的书还是毒心灵鸡汤式的书，只要能让你对探索未知保持热情、对迈向远方保持勇气、对直面挫折保持坚韧，这些书就都是好书。

祝你好读书，读好书，书读好。

07

问：我弟弟才30岁就被诊断出肝部肿瘤，情况很不乐观。我做大姐的很自责，怪自己没有照顾好弟弟，无法向父母交代。现在这种情况要和父母说明病情吗？寻求您的指点，感谢！

答：一件事情如果是无法回避的，正面它就是最正确的做法。你必须严肃、认真地与父母和弟弟讨论病情，宽慰是无力的，正面迎战才是重点——调整心态，相信科学。

我认识一个今年80岁的叔叔，姓孙，他曾是市公安局首席法医，

2005年被广州三甲肿瘤医院诊断为膀胱癌早期和肝癌晚期并发生了转移。得知诊断结果后，他积极配合治疗，还努力自学医学知识，听医嘱又不完全遵从医嘱，毕竟没有人更了解自己的身体反应。18年过去了，这个耄耋老人依然健在，精神奕奕。当年诊断他的医生都直呼不可思议。

"向死而生，心态乐观，积极向上，顺其自然。"孙叔曾跟我总结他患病之后的十六字原则。

把以上这个真实案例告诉你父母与弟弟吧，让他们坚定信心，积极应战。

08

问：如果老公非常大男子主义，不让老婆去任何形式的出差，不支持老婆的成长，生活中也缺少浪漫，他本人除了工作之外天天沉迷游戏，缺少事业心，这样的婚姻还有没有必要继续？我每次一想到离婚后两个孩子将面临支离破碎的家庭，又很无奈，只能让自己委曲求全。我屡次跟他沟通，但求而不得。他画了一条红线，我一碰出差的红线他就说一不二，如果我不离婚就得永远处于他的淫威之下，放弃自己的事业心和行走的自由。两个孩子又全部跟我关系很好，我很矛盾，如果离婚带着两个孩子生活，我的事业也会没有起色，行动也没有自由。这真的让我很苦恼，想听听您的建议。

答：你怕得不到个人自由而悲伤，又怕失去丈夫支撑而悲伤，于是在得与失之间，你都在悲伤；你怕已经发生过的，也怕尚未发生的，于是在发生与未发生之间，你都在害怕。

其实，生活的痛苦从来不在于发生了什么，或者会发生什么，而是我们的心永远都处在焦虑与不安中。即使离婚，你也不会快乐的。即使不离婚，你也不快乐。

我给你的建议是：反思自我，调节内心，真实的幸福就会缓缓而来。

09

问：林老师好，好友健康活泼的孩子猝死，我应该如何安慰她？如何帮她走出这个黑暗时刻？

答：马航MH370失踪之后，一些具备心理学知识的义工组成了国际心理疏导团队，对悲痛欲绝的家属进行心理疏导。在开导过程中，他们使用的词汇叫"肤慰"，而不是"安慰"。肤慰包括两个层面的意思：理解家属切肤之痛，轻抚对方传递温暖。你可以按照这个逻辑开导失去孩子的朋友。当她痛诉失去孩子之伤时，你须表情凝重，认真倾听，无论她重复多少次；当她痛哭时，你可一同落泪而不打断，无论延续多长时间。

精神极端痛苦时，当事人会长时间瘫软在地上痛哭。作为心理疏导者，你要用半跪或者轻轻抱住对方后背的方式给予对方温暖。肤慰是对所有灵长类动物都有效的安慰动作。我们或许不会记得曾一起欢笑过的人，但一定不会忘记那些曾陪我们一起痛哭的人。去做一个暖心的人吧，帮助你的朋友走出人生的至暗时刻。

10

问：林老师，我堂姐唯一的儿子才三十出头，就因心肌梗死而猝死，白发人送黑发人。请问我要如何开解我堂姐？请赐教！

答：你要告诉这位悲伤的母亲，不要悲伤，而要感谢儿子，他的离开，让每个人都知道了他在别人心中有多重要。他的父母会念想儿子的孝顺，他的妻子会感恩丈夫曾经的照顾，他的兄弟会怀念深切的兄弟之情。

死亡让那些深爱我们的人终生有了悠长的念想。

你可以去帮助堂姐制作一个关于她儿子的电子相册，并用充满正念的描述词标识每一张照片，让她时时可以看到，时时可以存念。让悲伤的母亲相信有些人即使一生短暂，也已经活出了永恒的价值。如果把永恒解释为不朽而非无限时间的话，那么永恒的生命便属于活出意义的人。他们的生命没有终点，就像视野没有界限。

11

问： 老师，我特别怕上台发言，特别怕当众讲话，虽然已经30岁出头了，但每次只要在单位汇报工作或者突然被领导点名，就会哑口无言，毫无逻辑地乱讲一通，这可能也是我职业生涯进步不了的原因。每次发生这种情况后我都会陷入焦虑的状态中，一段时间内都会很消沉，想起来就心里堵得慌。请问这是心理问题吗？有改善的方法吗？

答： 有一个地球人最害怕的东西排行榜，列举了鲨鱼、毒蛇、蜘蛛等普通人都恐惧的生物，但令人意想不到的是，最让人恐惧、排名第一的竟是当众讲话。害怕当众表达不是你的弱点，而是群体共性，不是什么心理问题。

想学会出色演讲与当众表达，就要坚持三个闭环动作：读、写、讲。读是思想输入，写是逻辑梳理，讲是语感训练。从今天开始，你每天坚持读一些东西，朋友圈坚持记录一些东西（我已经在朋友圈不间断坚持写作10年），每天围绕一个主题讲一段话。

你把这三件事当作生活中不可或缺的爱好去做，一天天坚持，时间一天天过去，貌似什么都没变，但你回头会发现，每件事情都变了：你一开口，不仅生动，还很深刻。时间是最好的酿造师，会让平凡变得出彩，只要你能用时间浇灌出毅力。

12

问： 林老师，我想请教您一个问题。我的一个女性朋友一直以来都很信任她老公，觉得他们已结婚10年，孩子也有两个了，对婚姻绝对是忠诚的。可是昨天她无意间看到她老公跟别的女生从2021年至今的暧昧信息，对此，她老公一直否认自己对其他女生有想法。她不再信任她老公了，觉得三观崩塌，无法接受。但是考虑到还有两个不到5岁的孩子，婚姻还得继续，她不知道该怎么办。我该如何安慰我的朋友，或者对她提些什么建议呢？

答：一个人的能量等级越低，伴侣关系就越脆弱，冲突就越多，彼此折磨；能量等级越高，关系就越稳定，彼此愉悦，彼此成就。当婚姻出现问题时，关键不是想要不要离婚，而是回想当年为何要找这个人结婚。一个人如果是在情绪低落的低能量状态下决定开始或者中止一段关系，就如在饥饿状态下走入超市，后悔是必然之事。

我们的一生中会遇到很多失败，在这些失败打击中，尤数婚姻的失败最耗元气。人与人最大的区别在于婚姻遇到问题后的态度和做法：有的人一错再错，把悲剧演绎成连续剧；有的人在失败中反省、学习、成长，最终修成正果。

人的一生中，婚姻是最重要的思想成熟教习所。婚姻出现问题并不代表失败；相反，应该意识到这是自己生命中一个绝佳的成长机会。静心内观，你就能听见内心的真实声音。走向真实，就是人生最正确的决策。

13

问：林教授您好，我孩子读大二时放弃学业，闲散在家，我们万分焦虑，该怎么办？请给予指点帮助为盼！

答：一个人忽然辍学，与忽然离婚一样，这是长久的因促成的果。将自己抛离正常的生活轨道，需要绝对的勇气或者源于深深的绝望。

一个人想不清活着是为了什么、努力是为了什么时，精神就会凌空蹈虚。父母要解开孩子精神的郁结，让他讲述自己是一种有效的方式。

在孩子感到安全、被信任的地方与时间点，你需要与孩子进行多次长谈（提前拟定主题与方向），让他事无巨细地讲述心声，你不反驳、不评价，只是专心倾听，好的倾听姿态就是情绪的疏导方式。如果孩子不擅长讲述，就让他写下来或者通过语音录下来。

深度心灵对话一周，或许解决方案会自动浮现。

美国作家罗伯特·M.波西格曾被诊断出抑郁症，并与儿子关系紧张。1968年，他与16岁的长子克里斯一起骑摩托车出发，开始了一次横跨美国大陆的万里长旅。这次漫长的心灵探险让他与儿子彼此从狭隘而受限的价值观中解脱，恢复了心灵完整，亲子关系也变得亲密无间，最终写就《禅与摩托车维修艺术》一书。如果与孩子话疗无效，我建议你暂停工作，与孩子来一次长途行走，以弥合彼此心灵的代沟。亲子关系融洽，理解彼此，孩子就会以父母为榜样，说服力就会起作用。

14

问： 林老师，咨询您一个问题：我的直属上级不喜欢我，在工作上不给任何支持，有什么问题就官方回复，也不担责，让我自生自灭。现在好不容易遇到集团改革，公司架构优化，来了新领导。我原以为有了希望，谁知曾经的上级在新领导那里一个劲地说我坏话，导致新领导也彻底相信了，居然不经过调查，就用别人的话来定义我。您说我该怎么办？

答： 在职场行走，人通常会形成两种心态：一种叫弱者心态，一种叫强者心态。

拥有弱者心态的人，每天的关注点在于别人评价、劳动即时回报率、"摸鱼"方式、领导八卦；拥有强者心态的人，每天的关注点在于思维进步、技能磨砺、价值贡献。与其说性格决定命运，更应该说心态决定命运。

在一个劳动资源自由配比的时代，没有一个人的职业前途是由某一个领导决定的，你浪费了太多精力去揣测领导对你的评价，而忘却在本职工作上去精益求精，以致让原来可能是误解的事情变成可信的事实。

现在你唯一要做的就是，调整自己脆弱的心态，放下面子，埋头苦干，潜龙在渊，然后一鸣惊人。

15

问： 林教授，您好！我是一名有15年病史的躁郁症患者，但凡涉足爱情都会诱发我的病情反复。现在单身的我看到身边同事婚姻和美、孩子环绕，我的心里就很嫉妒。一如12岁时爸爸突发癌症离开我时，我也是很嫉妒身边有爸爸的同学。我连自己都恐惧我这种嫉妒心……可否为我指点迷津？

答：很欣慰你能勇敢讲出痛苦，直面问题是解决问题的开始。

一个人在幼年时如果遭遇过重创，在缺乏正确精神引导的情况下，内心的小孩就会停止成长，愤懑、偏激、强烈的妒忌等负面情绪就会淹没性格，心理学称之为边缘型人格障碍（BPD）。

你要做的三件事是：直面过去，改变现在，重塑未来。

第一，做一个与过去告别的仪式。给天堂的父亲写一封长信，描述你这些年经历过的所有美好（不回忆任何坏的遭遇），再次感谢父亲赐予你此生的生命。

第二，开始写情绪笔记。每当自己产生负面情绪时，就用准确、细致的词汇描述感觉，这种做法能提升你的情绪颗粒度。心理学认为，一个人越能精确描述发生了什么，就越容易找到解决情绪问题的对症方案。

第三，对别人善的行为怀着积极认同的态度。从此刻开始，让自己坚持每天都真诚赞美身边人（如朋友圈点赞），无论对方行了多么小的善。随喜赞叹能帮你消除内心的阴暗。

16

问：我父亲今年68岁，爷爷在父亲3岁的时候离世，父亲由我奶奶一手带大，日子过得十分艰苦。父亲脾气暴躁，争强好胜，年轻时经常打骂我妈，骂我们兄妹三人是废物。现在年纪大了，他依旧是动不动就发脾气，破口大骂我们兄妹没出息……过去我受不了就与他对骂，如今觉得他年纪大，总是默默忍受着，但内心很痛苦。我尝试过与他沟通，但无效。求老师赐教。

答：不管你相不相信，大多数人一生下来就有个命中注定的幸福指数，这是由家庭氛围、父母性格甚至时代背景决定的。

人们一生中的幸福程度主要取决于这个幸福指数，而不是其他。所以，你要想过得幸福很简单，比如降低自己的预期，这一点是你自己能掌控的。承认自己的父亲是一个有缺点的普通人，承认自己无法改变除自己之外的任何一个人，承认每个家庭都会有各种不顺心，承认让你无法忍受的人总有一天会再也看不到……于是，你的心境开始变宽，怒火开始消失。其实父亲还是那个父亲，只是你不那么在意他的怒骂了。

不必期望年迈的父亲改变性格，你只需拓宽自我的心境，容纳那些原本无法容纳的。

如果对人对事总是抱有不切实际的预期，就注定会痛苦一生。**而那些懂得降低自己预期的人，则活得很好**。有时你必须承认，恶父虽没能带来家庭幸福，但正是他造就了你的坚强。

你是一个坚强的人。坚强的人只会向前走，不回头，不记仇。

17

问：林老师您好，平常怎样才能提高说话的感染力、温度和亲切感？

答：首先，语言表达是一种能量。如果一个人从来喜欢讲"惨了""我做不到""糟透了"这种负能量的话，那么在别人眼中，他就是一个冰冷、语言刺骨的人；如果一个人从来喜欢讲"我可以的""你好棒""一切没事的"这种正能量的话，那么在别人眼中，他就是有温度、有感染力的人。

其次，语言表达是一种习惯，是由持续阅读、持续写作、审慎思考凝固成的结果。只要你把以上三者固化成习惯，不断循环，语言表达必然出类拔萃。

最后，语言表达是一种价值观。你的生命维度有多宽，语言就有多少感染力。

愿你能理解以上语言表达的逻辑。

18

问：我在一家商业银行工作，担任办公室主任，今年51岁。单位不允许我作为管理层提前退休，只允许辞职。我在考虑是否辞职到朋友新开的一所民办学校里担任董事长助理，月薪18 000元。我目前的月薪8 000元，公积金4 000元，一个月的工资加公积金合计12 000元。

我熟悉业务，对银行的经营管理能力还是比较强的，唯一担心的就是从银行跳槽到那所民办学校，就等于为私人老板工作，为老板的家族服务，工作性质是不一样的。我担心去民办学校会不适应，会后悔当初的抉择。林教授，我应该如何选择呢？

答：只奔钱而去的跳槽，绝大部分人最后都会后悔。

钱是一个变量，决定权在别人手上，今年老板决定给你这个薪酬，明年就不一定了。跳槽只为钱去，当事人计较之心会特别敏感，开始新工作后，除了钱之外，当事人还会比较工作时长、受重视程度甚至饭堂伙食等，如有一项不如意，抵制情绪就会产生，工作效率就会下降……不用太久，工作就会保不住。

如果跳槽只为拓宽视野，只为发挥更多才华，那么生机勃勃的职场就开始了，得到更多报酬也就水到渠成。

19

问：林老师好！感觉您每天都很充实忙碌，精力充沛而又积极向上，您是怎么做到"看清生活的本质后依然热爱它"呢？

答：积极是一个比快乐更重要的词。积极是姿态，快乐是状态。状态随时可能变化，姿态却能长久恒定。一个人只要积极，情绪就会昂扬，心态就会平稳，对生活的热爱便自然而生。

生活中有三种人最受欢迎：一是出世的智者，二是入世的强者，三是积极阳光的普通人。

我的目标是努力成为最后一种，谢谢你对我的关注，我的朋友。

对于世界，你是一个人

对于某些人，你就是整个世界

20

问：林老师，我和我爱人步入婚姻7年，有一个孩子。婚后爱人一直呈现出很爱我的状态，但两个月前，我从他的手机聊天记录得知他约了学生时代有过好感的异性朋友单独吃晚餐。他们聊了一天，言语暧昧，最后那个异性朋友还专程从外地赶过来陪他吃晚餐。我爱人的解释是早上那个异性朋友给他打电话借钱，然后就聊了起来，又简单吃了个饭。我爱人删除了对方所有联系方式，向我保证以后不会了，但我心里一直过不去。

答：如果你爱一个人，你会发现，让你产生爱的并不是外在的那个人，而是你在他身上赋予的爱的观念：正直、真诚或者善良。你更爱的是你的观念，而不是外在的人。如果你恨一个人，让你恨的并不是那个人本身，而是你在他身上赋予的恨的观点：龌龊、虚假、两面。

人性几乎从来不变，变化的只是我们看待问题的角度。婚姻出现问题时，要学会凡事往积极和好处想，比如你的先生可能只是为了不借钱出去，故意假装暧昧的口吻去吓退对方……

积极的念头会带来积极的对待，带来积极的触动，带来积极的重建，并带来积极的结果。

幸福来自绝对的信任。在婚姻中修行，永远不要对伴侣有一丝一毫的怀疑。真诚的人或许会受伤，但他们从不会后悔自己的真诚。用温情对待，用智慧处理，用信任相处，你就会获得自己想要的婚姻生活。

第二十一章

活在世上，无非想要明白些道理，遇见些有趣的事

你有趣，人生就有意思

#问答林景新#

有同学问："学哲学有什么用？"

思考哲学命题与仰望星空、草地发呆、冥想反思一样，既不能升官发财，也不能强身健体，从经世致用角度来说，以上一切都没用。

生活中有些东西有用，有些东西没用，但是没用并不代表没有价值。有用的东西确保我们活着，比如煮饭、盖房、赚钱。没用的东西却能让我们觉得活着真好，比如在美好的午后发呆。

古代的哲学家喜欢仰望天空。他们或许说不清楚仰望天空能够带来什么好处，但是他们就喜欢仰望天空。经常仰望天空的人，对浩瀚星空会有敬畏感与好奇心，他们更愿意去思考未知，探索真理，每天都眼中有光。

王小波曾在《沉默的大多数》一书中写道："我活在世上，无非想要明白些道理，遇见些有趣的事。倘能如我所愿，我的一生就算成功。"

如果能在浪费时间中获得乐趣，那就不是浪费了时间。

写作、辩论、种花种草、回答一个又一个人生困惑、思考人活着的意义是什么，都挺浪费时间的，却又很能让人获得乐趣。

热爱，是活着最好的理由。

01

问： 林老师，我马上31岁了，不要说男朋友，目前连一个潜在的发展对象都没有，非常焦虑。平时下班后和周末都不知道能干什么来打发时间，觉得很孤单，甚至很害怕周末或者假期。因为朋友不多，她们工作忙，周末也要陪另一半，不能总是约她们玩。觉得生活很枯燥，整个人也很浮躁，看电影、看电视剧都静不下心，更不要说看书、学习了。看着朋友们一个个都脱单了，甚至很多在这个年纪孩子都两个了，想想自己的状况，内心就更加焦虑了。我很爱哭，喜欢胡思乱想，都说要多从自己身上找原因，我觉得没有男朋友肯定是因为自己不够好，审视自己，觉得自己哪里都是缺点，不够高、不够瘦、不够美，年纪大了，性格也不好，然后就更睡不着了，不知道该怎么办。

答： 心理学有个名词叫"自我效能感"，指的是自我感觉越好，人生成功率越高。这句话指出了人生成功者应有的素养：学会自我暗示，强化自我激励。

不必回头总结自己的不足，你要做的是强化自我优势。从今天开始把衣服穿得更得体，把语言表达得更优雅，把社交表现得更主动，把运动坚持得更勤快，把学习固定得更深入，把笑容展现得更灿烂。当以上这一切你开始做时，自我效能感就会发挥作用，运气、人缘、好的一切就开始向你走来。**没有人做你的光芒，你就自己照亮远方。**

02

问： 我是一名国企主管，职位高不成低不就，压力非常大，长期备受直属领导的打压排挤，升职无望，工作很不开心。再过3年就过了求职最佳年纪了，现在我不知该一走了之，还是忍气吞声继续工作？

答： 有两个大学同班同学毕业后进入同一家公司，工作10年后，他们深感疲惫与失望，不知该继续待下去还是跳槽，于是去找一位名师指点。名师听完他们诉苦后说："人生不过一碗饭。"

A听完恍然大悟，第二天辞职离开，另谋他职。B听完若有所思，停止抱怨，埋头苦干。20年后，A和B都各自功成名就，他们决定再拜会那位名师，感谢他的指点。名师听完他们的陈述后说："得失不过一念间。"

人生选择与职场选择一样，没有绝对的正确。生活中两件事情最重要：第一，用智慧选择好一个方向并且执着前行；第二，尽你所有的努力去佐证你的判断是正确的。

03

问：林老师，翻着聊天记录，突然发现已经一年多了，我仍然忘不了那个不可能在一起、意难平的她，我们反复拉扯，最后还是走到了关系的尽头。是缘尽了，还是我太爱幻想？您能再送我一句话吗？让我彻底放下这放不下的心。

答："人的一生，除了应该有一次一见钟情，还应该有一次瞎了眼。认识某男，我成了后者。"离开你之后，你那个曾经的她，笑眯眯、慢悠悠地对新的男朋友说。

04

问：林教授，您好！我和老公结婚7年了，育有两个女儿。婚姻从刚开始就一直坎坎坷坷，婆婆从未帮忙带过孩子、出过一分钱，还总找事，让老公跟我离婚。老公是个妈宝男，什么都听婆婆的。最近老公不知道什么原因欠外面很多钱，全家开支全由我负责，他一分钱也没出过。我很想结束现在的日子，但是想想幼小的孩子（继续的话，老公也不管孩子，天天玩手机，从未陪过孩子），真的左右为难。我该如何选择？

答：人生所做的一切努力都是指向幸福。有时结婚是为了幸福，有时离婚是为了幸福，有时不结婚也是为了幸福。不必追问自己应该处于什么状态，而是应该追问什么状态能够让你感受到幸福。

衡量一个人在婚姻中的价值与去留，不能看其身份，而必须思考其角色。有些人的身份是丈夫，但从来没有丈夫角色应有的亲情、温情、爱情之实。有些人的身份是父亲，但从来没有父亲角色应有的陪伴、教育、榜样之实。在某种意义上，他们的灵魂与心早就选择了离开这个家庭，只是爱幻想的你不肯承认。

真实地活着，才能真实拥有幸福。

05

问：林老师，您好，想请教一个问题。我是做工程技术的，不喜欢应酬，而且酒量确实不行。现在出于经营管理的需要，经常要接待客户，想拒绝喝酒，又怕对方有意见。对于这种情况，您有什么好的建议呢？谢谢！

答：一个人与众不同的处世原则，一开始或许不被人理解，但坚持之后，就会有个人的鲜明标签。虽有排斥，但更有吸引力。我建议你不妨公开宣称不喝酒的原则，口头说、朋友圈写、席前告知，一次又一次温和、有礼貌、坚定又果敢地表明态度。这样新的习惯就会形成，新的人际交往就会出现，新的生意关系就会萌发。

何为酒肉朋友？酒肉在，朋友在。酒肉不在，朋友就不在。经营管理的人际交往，要的是真材实料的价值交换，而不是互相吹捧的酒肉交换。

06

问：我觉得自己在感情中很难去相信别人，令双方都觉得很累。不知道怎样才能解决，请老师指点一下。

答：如果一个人在感情中习惯索取而不是付出，就会习惯留意别人的不足，习惯怀疑别人的真心。一旦索取成性，欲壑难填，眼中就只会累积越来越多的不满、怀疑。

从今天开始，你试试付出多于索取：爱人夜归时，为其煮一碗热汤。天气变冷时，主动问候身边人。矛盾发生时，首先反思自我、检讨自我、主动沟通。

当一个人主动付出时，爱与满足就会慢慢洋溢于内心，生命能量就会开始升高。这时你再看这个世界、看他人，都会觉得美好。于是你会明白，世界美不美、人可不可信，跟真相无关，只跟个人的生命能量有关。

07

问：我儿子去年大学毕业，参加了事业单位及公务员考试，去年11月参加四川省考，考上了距家乡680多公里的四川宜宾屏山县公务员编制，边纠结边完成了资格审查、面试、体检、公示等过程，4月下旬被录用上班。可是他自上班以来严重不适应，出现了失眠、情绪低落、身体莫名疼痛等抑郁症状，面对调动难、服务期长的压力，目前产生了辞职的强烈念头，准备辞职后重新备考。我觉得好不容易上了岸，辞掉太可惜了，重新考风险又太大，不辞呢，又不忍心看着他痛苦，背井离乡一个人在那里，不知该怎样抉择才好。

答：如果你的孩子曾经历经沧桑，说明抗压能力很好，就鼓励他把眼光放长远，调整心态，磨砺是年轻人成长最好的学校，是金子总会发光，把工作做好，机会必来。流动的时代何来背井离乡这个说法？平台在哪儿，心就在哪儿，家就在哪儿。

如果你的孩子从来娇生惯养，说明心态脆弱，任何一点不如意都会让他要生要死，不如随他意愿，他想干什么就干什么，他想不干什么就不干什么，随命运逐流。作为成年人，命运早已蕴藏在性格里，父母无谓干涉不过徒增烦恼。

08

问：我孩子现在上高一，整天沉迷于玩手机，又懒散，甚至有不想上学的念头。对于他当前这种情况，我要如何帮助他戒掉玩手机的坏习惯，激发他学习的热情？

答：坐高铁时，一个车厢30个人，29个在玩手机。吃完饭，一家人在客厅坐着，五口人最少有四个在看手机。在电子设备无处不在的当下，你想让一个少年不玩手机，只有把他通过时光机扔回清朝才做得到。酒、游戏、香烟与手机，从来不会毁掉一个人，能毁掉一个人的是失却规则感、无休止地沉溺。

少年是因果观与规则感建立最重要的时期。作为父母，最重要的不是粗暴禁止孩子的某种行为，而是巧妙地帮助孩子理解因果观与规则感。有一个孩子敬畏父母，却贪玩且常逃课玩电子游戏。父亲在他又一次逃课之后，第二天早上命令他跟自己一起步行5公里上学。当时是雨天，父子两人不骑车，不打雨伞，任由路人投以异样眼光，他们疲惫不堪、一身泥水地走到学校，成为被笑话的对象。那天，父亲对他说，儿之过，父承担。

就是这一次深刻的因果观教育让儿子幡然醒悟，痛改前非。我就是那个儿子。

我今天依然爱玩电子游戏，只是有了规则感而已。

去用智慧、用决心、用奖惩、用技巧帮助孩子建立因果观与规则感吧，让他既能从手机中学习到相应知识，也能把玩手机的精力嫁接到其他丰富的人生体验上。

09

问：我儿子2021年大学毕业，自己找工作实习了一年后没有继续干，现在整天在家待着，不出去找工作，也不出去找同学。我问他有什么打算，他默不作声，觉得很不耐烦。我现在都不知道怎么跟他沟通，很无奈，请问老师我要怎样才能帮助孩子走出困境？

答：断其经济、推其自谋、逼其独立，自古溺爱多败儿。

对孩子最大的残酷不是给予的爱不够，而是给予的方式不对：该严厉时却温和，该训诫时却放任，该放手时却溺爱，该认真时却糊涂。你不妨跟孩子长谈，给他画底线，倾听他的祈求，然后严肃地提出意见，坚定你的决定。对于心态松垮的年轻人来说，生活的压力是最好的学校，痛苦的磨砺是最好的成长。严厉起来吧。

10

问：林老师，我的一些朋友婚后生活都不幸福，主要是她们的丈夫人品不行，但是婚前都挺会伪装。现在我年纪不小了，找对象更容易患得患失，也很担心。想请教您，女生找伴侣的时候，应该怎样判断这个男生适不适合呢？谢谢您。

答：选择什么样的伴侣就是选择什么样的下半生，慎重是必要的。选择一切向钱看的人，势利的纠缠会让你歇斯底里；选择心胸狭隘的人，你的人生从此战战兢兢；选择粗鲁的人，面红耳赤、青一块紫一块会是常态。

选择一个男人作为伴侣，你要看重三样东西：

第一，看家庭。他与父母的相处方式、他的成长氛围、他父母的情操与职业，造就这个男人的性格底色。与你落差太大的家庭，建议别入。

第二，看习惯。人品可以伪装，习惯却一览无余。如果对方习惯酗酒、赌博、出口伤人、恶念对人，你绝不要想其婚后能改变，恶习成性，会一贯到底。

第三，看朋友。细心观察他交往很多年的铁哥们，这些朋友的情操与为人，就是这个男人未来的模样。

这些话听起来挺有道理，其实我知道没什么用……因为当爱情到来时，没有几个姑娘还有理智……

祝你有爱、有理智。

11

问：我和老公结婚二十多年了，在女儿6岁的时候，他得了鼻咽癌，得病之后身体越来越差。他提出了离婚，说自己不配做丈夫，让我走。因为他生病而离开他，我做不出这种事，我对他还是有感情的。但现在我感觉到他很冷漠甚至无情，有时候撒个娇，他好像感觉不到，还说我作。我进医院做阑尾炎手术，他也不管不顾，甚至我回到家后，他也没有安慰我。为了女儿，我该继续，还是离婚？

答：生活的磨砺不断在改变一个人，再完美的人，在生活风雨的洗刷下也会慢慢褪色。决定一对夫妻能否携手走完余生的，其实不是爱剩多少

（人的脆弱与坚强都超越想象），而是双方的内心状态：内心丰盈的人，即使偶尔失常，也并不影响相处的质量，因为他总能把琐碎的生活变幻出繁花似锦；内心贫瘠的人容易气短，一点挫折就会看成无法跨越的大山，继而把压力施加在配偶身上，导致矛盾无穷无尽。心穷的人容易忘恩负义，再怎么掏心掏肺，对方也只认为理所应当。细心观察你的丈夫，看看他的精神状态，看看他的价值观，就可以判断他的内心境况。**心若丰盈，好好沟通，继续前行；心若贫瘠，好好告别，各自安好。**

12

问：我的女儿今年读高三，经常觉得自己不被理解、说的话没有人愿意听、没有人懂她，她感到很孤单，每天都不开心。作为母亲，我不希望高考前孩子的情绪波动太大，我能做些什么？请林教授指点迷津。

答：人的思想成熟会经过三个阶段：见自己、见众生、见天地。作为已成年的孩子，父母要培养他们安住独处的思维。要告诉孩子，人生的朋友有很多种，有日日相处的熟人，有从未谋面的知友，有默默陪伴的书籍，还有终生相随的爱好。一个人如果觉得孤独，那是因为没意识到这一点。

你可以鼓励她多与萍水相逢的人进行弱连接，比如运动时与球友聊聊、学习时与新同学聊聊，这样可以提高孩子与人相处的能力，也可以化解孤独感。当然最重要的是，让她把精力放在学习上，学习上去了，她会发现朋友们更愿意听她讲话了。当你发现别人对你很友好、很有礼貌时，不是别人修养变高了，而是你变厉害了。

爱情、友情从来都是吸引回来的，而不是求回来的。你若盛开，蝴蝶自来。

13

问：我先生35岁，在一家国企工作6年多，目前担任供应链主管，负责公司一些重要的采购项目。因为国企体制和个人性格，他看不到进一步上升的机会。这两年他有在寻找新的机会，也拿到几个不错的私企的录用通知，然而他父母比较偏执，只要不是国企、事业单位之类的都不同意他去。先生比较孝顺，因此放弃了之前的机会，但最近又应聘到国内电器行业巨头私企的供应链部长职位，难以下决定。想请教下您有什么建议，说服我婆婆接受他跳槽。今年1月先生的父亲去世了，我们担心婆婆的状态，不敢贸然提出这件事。

答：你先生不是20岁的少年，而是处于心智、精力、经验、阅历都具备的壮年，生活琐事可以听母亲的，但职业选择必须听从自己的兴趣与志向，没有人比他更了解自己的生存能力，父母的好心并不能替代瞬息万变的职场要求。在职业选择的关键年纪，命运浮沉就是一刹那的念头。

与其想着用言语说服母亲，不如用行动与结果让母亲放心更实在。让你先生放下顾虑，勇往直前，把能力表现出来，把奖杯捧回来，把钱赚回来，把名气做出来，把尊重赢回来，就能让母亲的心稳下来。

14

问：我与丈夫结婚11年，有两个儿子，家庭安稳幸福。我们夫妻是双职工，虽然感情没有特别深，但也相敬如宾，本以为就这样一辈子将就过了。最近几天我才发现，丈夫在我不知情的情况下欠下巨款，是卖房卖车再加十几二十年不吃不喝都无力偿还那种。对于这种男人，我是不是不应该再和他在一起？那种被欺骗的感觉好痛心。目前只有离婚才能保障孩子正常上学，否则到时被起诉，什么都封了，孩子教育都成问题。我要如何让自己快点振作起来？为了这件事，已经几天都吃不好睡不好了，不知道哪天就瞒不下去，在孩子面前绷不住了。

答：爱情是一种情感交换，彼此开心，就可以相处下去。婚姻的本质却是一种价值交换，不仅需要彼此开心，还要讲究契约精神：我的忠诚，换取你的守护；你的辛苦，换取我的体贴。

如果夫妻一方因为赌博、享乐、私欲等恶习，把配偶与家庭拖入痛苦的深渊，就已经破坏了契约精神，这时另一方首先要考虑的是自保与损失最小化，而不是面子或者感情。对于破坏契约精神的夫妻任何一方来说，从主动破坏的那一刻开始，感情对其就已不重要了。人生的悲剧不是我们遇到了什么，而是该理性时感性，该决断时犹豫，该讲契约时讲感情。

15

问： 老师，我今年35岁了，在银行任职中层。3年前我在职报读了中国人民大学的同等学力应用心理学专业，要想取得学位需要通过统考和学校的毕业论文答辩。前两年我参加统考都没过，今年是第三次去考。这事对我来说挺难的，如果要考，我要付出很大精力，而且对我升职没有太大帮助，如果放弃，内心又有不甘。我该奋斗还是放弃？期待林老师给我这个"学习迷途者"指点一二。

答： 我建议你认真复习，聘请私教为你辅导，挑战一下这个有些难度但并不绝对困难的目标，一旦过关，你就会具备无比的信心，在职场中更勇往直前，有信心完成更难的目标，仕途可能从此亨通。即使最后考试失败，你也收获了心理韧性，顽强会成为你的习惯。

35岁的你当然也可以轻易放弃，但会形成习得性无助的习惯，一遇到困难就放弃，最后只会一瘫到底，投降也会成为你的习惯。

人生最大的悲哀就是碌碌无为，却安慰自己平凡最可贵。何为命运？习惯的重复。

16

问： 我的执念很重，怎样才能放下执念？最近感觉这让我很痛苦，内耗得厉害！

答： 你打碎了一个心爱的花瓶，碎掉的花瓶并不会哭泣，毫发未损的你却会哭泣，这就是执念示现。你视虚为实，把不存在的痛苦视为真实的威胁，执念就产生了。

执念严重时，任何风吹草动都可能引发精神的痛苦。有效的对治方式有两种：随时提醒，随时转换。

随时提醒是提醒自己世间一切都是因缘和合之物，一念起，一切起，一念落，一切落，人生如梦，幻境并不真实。分手时，你真的失去爱人了吗？你失去的其实是依恋的感觉。

随时转换就是让主客体换过来。别人伤了你，你告诉自己：对不起，我伤了他，因为力是相互的。别人跟你说分手，你也告诉自己：很抱歉，他失去了我，因为爱是相互的。

世间一切都是因缘和合之物

17

问：老师，我今年30岁，男友去年查出肺癌，但我依然嫁给了他。今年他已经出现了肝转移，需要不断治疗，身体非常虚弱。医生说我们要不了孩子，我父母身体也不好，一直劝我离开他。我很痛苦，想离开，又觉得内疚。请问我该怎么办？

答：虽然读你的文字可以感受到你的那份尖锐的痛苦，但我必须说实话，你的心早已离开他了。他得肺癌是坚硬的事实，婚前如此，婚后也如此，这并不是你此刻考虑是否离开他的原因。所以你向我寻求的不是建议，而是给你的选择提供心理上的支持。

以上这段话并不是道德批判，而是心理动机分析，行动比语言更真实。做任何一个决定，只要心甘情愿、无怨无悔，最终的决定就必然是好的。你可以选择离开，但人离，温情不离，竭尽全力不让自己有一丝一毫的愧疚感。你可以选择留下，但人在，心也与他同在，只要真正心甘情愿，一切事情就变得简单了。

18

问：我是某银行的网点负责人，正在竞聘上一级的职位，并且通过投简历进入了面试环节，目前在准备面试。听说面试时有几十位领导做面试官，参加过的同事都说在面试现场会很紧张，语速加快，以致透不过气。请问我如何能够比较好地避免这种情况？如何在面试中展现自己？感谢您！

答：你的提问包含了两个问题：如何更好地进行语言表达，如何克服表达紧张。

语言表达是读、写、练三者合一并且长期训练出来的能力，无论是竞聘上岗还是公开演讲，你想提高表达能力，可以坚持"三个一"：每天坚持读一篇文章，每天坚持写一段阅读总结，每天坚持自我演讲一分钟。坚持"三个一"不需要太久，语言表达之流利会让你意想不到。

语言表达是人最自然的一种能力，你之所以在某些人面前讲话紧张，那是因为功利心太强，太想表现自己或者太害怕失败。当你把功利性目的剥离，只享受一问一答的交流乐趣，紧张之心自然消解。

19

问：林教授您好，深夜发信息打扰了，有个教育问题想咨询一下您，望林教授有空时给予回复，非常感谢！是这样的，我家孩子5岁半，家里人都希望她上学前班，衔接一下小学教育，但我希望她有个完整的幼儿园生活。我想请问：孩子不继续上幼儿园大班，是否容易造成心理断层？学前教育重要吗？是否有必要上学前班？

答：就孩子漫长的成长岁月来说，学前班与幼儿园大班本质并无区别。早期教育的目的是培养良好的习惯与正确的人生观，具体的知识学习并不是最重要的，因为孩子总会一边长大一边遗忘。

给孩子前行正确的引导、选择的尊重与信任的支持，这对孩子来说最重要。

在我小的时候，我既没有上过幼儿园也没有上过学前班，我爹只给我买了足够多的小人书，然后对我说："小子，书是人生最好的朋友，好朋友则是人生最好的书。"

琢磨着这句话，我就顺利地走到了今天。

书是人生最好的朋友

安静的夜，缓缓的步，浓浓的爱

20

问：我侄女大学毕业后到了一家国企工作，至今将近一年（当时是听从安排回到父母身边工作）。但是孩子非常不喜欢现在的工作和生活环境，领到手的工资不多，就是待遇好些，她想辞职出去闯闯，顺便提升自己（目前孩子同时在创业，可以自食其力）。可是她父母害怕孩子离开自己，舍不得，觉得目前这份工作比较稳定，不支持她。双方都不知该如何解决，望老师在百忙之中指点迷津，谢谢！

答：如果希望孩子幸福，父母要记得：**孩子若是平庸之辈，那就让其承欢膝下；若是出类拔萃，那就让其展翅高飞。**

父母要接受孩子理性思考后的选择，即使孩子选择错误，平庸一生，父母也无须责怪，毕竟孩子作出了努力。父母一生的宽容、理性、支持，胜于一切的物质给予。

附　录

保持内心平静是远离抑郁的关键
——林景新博士南国书香节讲座文字实录

2023 年 8 月 21 日，知名心理学家、作家林景新博士携作品《每个人都是一束孤独的光》做客南国书香节，带来主题为"远离抑郁　积极人生"的心理学讲座。下面是本次讲座的文字实录：

感谢暨南大学出版社，给我一个在南国书香节演讲的机会。

我和暨南大学出版社非常有缘分。从 2007 年开始，到现在已经 15 年了，我在暨南大学出版社已经出版了好多本书。在这些书里，我最喜欢的封面设计，就是《每个人都是一束孤独的光》这本书。这本书的主题虽是孤独，但画面是那么干净、那么辽阔、那么美好。设计封面的这位美编对孤独的理解是非常到位的，孤独不应该理解为寂寞。

林语堂曾经讲过"孤独"这两个字。你把这两个字拆开就能够理解孤独是什么。

"孤独"的"孤"和"独"，它们的左边是孩子和小狗，右边是瓜和虫。林语堂对"孤独"有这么一个说法，他说孤独不能理解为孤零零，反过来孤独是有孩子、有瓜果、有小狗，这些元素足以支撑起一个热闹的黄昏，人们人来人往，人声鼎沸，小狗跑来跑去，微风吹拂，你感觉这一切是多么美好，但是这一切却与你不相关，这就叫孤独。

真正的孤独不是一个人坐在山上、身边没有人的那种状态，而是你站在人群之中，处于热闹之中，你觉得这一切与你不相关，这就是孤独。这种不仅是孤独，还是抑郁症的起源。

我们今天的讲座主题叫"远离抑郁 积极人生"。我在学校教危机干预还有积极心理学，经常有一些父母向我咨询一些问题。他的孩子成绩优秀，从读书开始年年考第一，父母只是觉得他好像不太爱交流，不太爱运动，不太喜欢一些热闹的场合。但是没想到突然有一天，孩子做了一些让他们觉得不可思议的事情。比如孩子患上抑郁症之后，会有一些很极端的行为。我们今天就来聊聊"孤独"还有"抑郁"这个话题。

中国人对孤独和抑郁的了解，比起其他病症更少，因为许多人对抑郁通常不容易觉察。

抑郁的到来和其他病症一样，是一个渐变的过程，一开始你并不觉得这是抑郁的开始。很多人会觉得抑郁的开始应该是不快乐，其实抑郁的特征有六种：记忆力下降、习惯回想不好的事情、情绪容易失控、身体痛感变弱、对一切不感兴趣、对事物的理解能力出现较大的偏差。

我们要关注心理健康，首先要关注自己的思想、身体、生活习惯中微小的变化。比如以前你喜欢参加活动，现在不喜欢了；以前一点小小的喜悦可以让你很开心，现在吃一顿豪华大餐你一点感觉都没有；以前你对学过的东西、看过很久的一本书依然印象深刻，现在看过就忘、听过就忘。其实这些并不代表随着你的年纪增大就一定会出现的情况，而是代表我们的大脑某些认知的功能出现了问题。

认知失调是抑郁症的一种症状。我们要预防这种症状，首先要从自己生活中细小的变化开始。"抑郁"的反义词不是"快乐"，而是"积极"。以前有人叫你去逛书店，参加活动，一叫你就去，现在叫三次你都不想去，就说明你不太积极了。反过来讲，如果你对参加活动、聚会、运动、远行、看电影依然充满兴趣，充满这种参与的积极的念想，恭喜你，抑郁症离你还是比较远的。所以今天参加这个活动的朋友们，抑郁症离你们是比较远的。

在人生的长路上，外向和内向不是关键，关键是要对很多事情保持一种积极的心态。相对来讲，内向的孩子对很多事情会持消极的心态。如果在人之初，我们可以引导孩子形成开朗外向的性格，那么他们抗抑郁的能力就会比较强，未来在事业上成功的可能性比起内向的孩子会高一些。

"抑郁"的反义词不是"快乐",而是"积极"

如果在工作和生活中，你是一个容易开心的人、笑点低的人，对一切事情的参与总是怀着一种比较愿意去试一试的念头，那么你得抑郁症的概率会相对比较低。

在生活中，怎样保持心理健康？

对一切保持一颗好奇心。

好奇是积极的起源。你想知道为什么天空会蔚蓝，你想知道为什么风吹起来这么凉爽，当你想了解它的时候，你就会开始行动。你会发现，如果把情绪理解为一条河流，抑郁症的根源就是这条河流不流动了。外面很热闹，身边很喧嚣，但是你觉得这一切都与你不相关。流动的情绪就像流动的河流一样，只要它流动，有活水，就是健康的。

按照这个逻辑，你的配偶、你的父母、你的孩子，他们的心理健不健康，一个最简单的测试就是他们对身边发生的一切，是否保持最基本的应有的兴趣。如果身边人对一切都不感兴趣，完全无感，你就要警惕。因为无感不是无趣，更不是无聊，而是没有了活力。

远离抑郁的一个基本点，就是让自己始终保持一颗应有的好奇心。

那么好奇心怎么来？

阅读的时候你会发现，你读的书越多，理解力越强，吸收的效果就越好。好奇心也是同样的道理。

孩子见的世面越多，经历的事情越多，他对这个世界的好奇心就会越大。在大湾区你会看到一种情况，很多孩子的家庭环境非常好，比如我们广州的那些城中村，很多家庭的第二代孩子不用努力，不用上班，靠收租就够了。如果家长不加引导，这些孩子长大之后，他们不用上班，不用劳动，也不用刻意要去读书才有更好的收入，于是他们的生活圈子基本上就被锁定在一个小小的范围内。

你告诉他们远方有落叶去看一下，他们觉得没兴趣；你告诉他们去海边走一走，听听海浪的声音，会有心灵涤荡的感觉，他们也觉得没兴趣。因为他们的世界太小了，小到最后变成只有活着。

有时候我们觉得命运的另外一种公平，就是有些人不劳而获，不用劳动都会有安稳的生活，但是他们的精神真的很贫瘠。反过来讲，他们的精神真的很脆弱，一点点的变故都承受不了，抗压能力非常差。

有些孩子经历过很多家庭变故，他们有很多同辈不曾经历的磨难，但正是因为吃过苦，所以他们面对不好的事情的抵抗力会比较强。他们对世界始终保持一分好奇，于是反过来他们能够用这种好奇推动自己步步向上。

人生走到一定程度，你会慢慢发现人生很公平，有所得就会有所失。你出生在经济条件很好的家庭，你的经历都是一帆风顺，这是你的"得"。但是你的"失"是什么？你的"失"就是失去了对挫折的抗压力。

如果人活着的意义就是为了体验完整的一切，从来的一帆风顺，或许是另外一种不幸。

反过来，如果你出生的家庭条件没那么好，经历过很多磨难，付出比别人更多的努力，但是你得到的就是精神抗压力非常好，精神韧性很好，你离抑郁可能会比别人更远。

到了一定年纪之后，我们应该有这种认识：人生真的很公平。

当你承认人生很公平的时候，你的心理就走向了新的健康。很多心理问题如抑郁、偏激、暴力，它们是怎么来的？你总是觉得命运不公，你总是觉得有些人不劳而获，有些人轻轻松松就能得到钱财和地位，你对他们有妒忌心、有恨，反过来对自己产生一种深深的怜悯的感觉。这种感觉会让我们在成长的过程中产生某种偏激的心理。

当你足够有悟性，承认人生真的很公平的时候，你的心开始没那么紧张，没那么焦灼，甚至你能够在一些真的不公的事情面前保持一分平静。

积极心理学有一句非常有力量的话，叫"平静比快乐更重要"。

快乐是不可持续的，比如今天你来逛了书香节，你觉得很快乐，但快乐来得快去得也快。快乐并不是人生的终极，平静才是，任何一种情绪都在消耗生命的能量。

你的快乐指数很高，但当快乐回落时，你会有一种深深的失落感。相聚有多快乐，离别就会有多痛苦。

快乐是奢侈品，平静是必需品。

面对喜事，可以快乐，但是不要忘形。

面对失落、挫折、打击，可以心情不好，但不要失志。

平静比快乐更有力量。当你能够理解这句话，而且把这句话当成追求人生幸福的目标，或许再也没有任何东西可以让你的情绪像坐过山车一样，或高或低。

人的情绪就像弹簧一样，如果波动的力度太大、幅度太大，总有一天它会失去它的恢复力。这就是为什么那些道行很高的人，他们通常追求的是心灵的平静，而不是快乐。

在生活中，如果一直要把"快乐"这个词挂在嘴边，其实挺危险，因为快乐需要刺激，而刺激是有边际效应的。

今天喝了一杯酒，觉得很快乐，明天再喝一杯酒，快乐就剩下 90%。明天如何再保持今天百分百的快乐呢？你得喝两杯。你就能够理解抽烟、赌博、喝酒这种对身体有一定伤害的负面行为，为什么容易让人上瘾。因为快乐在一定程度上是以消耗能量作为代价的。

我们应该这样反过来想，只要没有痛苦，就是快乐。只要你没有觉得杂事藏心，没有心情不好，其实你就在快乐之中。

中央电视台曾经做过一个中国街头百姓的调查，我们的央视记者拿着摄像机随机采访百姓："你幸福吗？"其实中国人很不擅长回答这种抽象的问题。

一个农民工大叔，被记者问到"你幸福吗"，他沉默了将近 10 秒钟，然后告诉记者："我不姓福，我姓曾。"

你幸福吗？这个问题其实不太容易回答，因为哲学的一个基本命题就是你想把握一个东西，首先就要定义它。

要回答"你幸福吗"，首先必须定义什么是幸福。如果你不能定义它，你就不能掌握这个问题。

什么是幸福？

托尔斯泰认为生活中实在的不幸只有两种，一种叫受良心的谴责，一种叫身体的疾病，如果你没有这两者，你就是身在幸福之中。

各位读者也不妨问问，此时此刻，你有没有受到良心的谴责，有没有身体不适，如果都没有，说明此时此刻，2023 年 8 月 21 日的下午 3 点 45 分，你正在幸福之中，只是很多时候我们身在福中不知福。

从反向理解一个东西会更为准确。刚才讲了"抑郁"的反义词叫"积极"。如果你做任何事情都觉得挺有兴趣，那么抑郁症找上你的概率并不大。

一个人积极的念，就是生命的原动力。

钟南山院士去广州医科大学和大学生座谈。现场有学生问：钟院士，您为什么看起来这么年轻？

钟院士有八十好几了，他的状态看起来一点都不像八十好几的老人，而像一个六十岁的中年人。

钟南山当时说：老不是一个生理的概念，而是心理的概念。

他的意思就是，有一天当你对一切不再好奇的时候，你就老了。

按照这个逻辑，我们可以更好地理解抑郁症的诱发机制：心理疾病引发了生理上的病变。要预防身体的病变，首先要心理健康。心理的健康是一切疾病的防范的开始，这既符合中医的说法，也符合心理学的说法，有心病，一切的问题就来了。

有正确世界观、人生观的人，其心理更健康。

有一位企业家好不容易把工厂做起来了，但一天夜里遇到电线老化起火，整个工厂付之一炬，他欲哭无泪。

后来，我曾问他：你觉得人生公平吗？你那么努力付出心血，却又回到了起点。

他说，苍蝇不叮无缝的蛋，如果我没有漏洞，火灾怎么会烧到我呢？失败就是一种智商税的缴纳，我会重新来过。

于是，我就知道虽然他的事业失败了，但是他的心理很健康。

在危机管理学中，对危机管理的定义就叫"选择的智慧"。

危机指的不是事件，而是你对事件的选择：处理得当，危险变机遇；处理不当，小事变大事，大事变坏事，危险就出现了。

当你的心里觉得人生很公平的时候，面对挫折、侮辱、不公、打击，你就能淡然处之。允许一切发生是一种力量，允许自己做自己，允许别人做别人。

今天你穿了一件新买的衣服，一来到公司有人说这个人臭美，以前你心里有点失落，从明天开始你就想着"关你什么事"，你的形象，你的穿着打扮，就不会轻易被别人的言语所打乱。

有三类人经常感到开心：上帝、疯子和觉得一切都是刚刚好的普通人。当你努力把精力放在当下，把一日三餐吃好了，每天工作做好了，每天该陪的人陪好，该照顾的人照顾好，你的快乐指数就会高很多。

中国人经常讲的一句话叫"人无远虑，必有近忧"，这句话容易让我们有狭义的理解。积极心理学对这句话的正确理解是"人无远虑，就无近忧"，把眼光收短一点，无谓的焦虑就会少很多。

曾经有一位妈妈来找我，说很担心自己的孩子以后考不上大学，忧心忡忡。我说你的孩子多大，她说现在在上小学一年级，我想这位妈妈想让自己不抑郁真的挺难的。

后来我就用一张卡片给她写了那句话："人无远虑，就无近忧。"

有些人经常想太远，把还没有发生的事情当成现实，把根本不存在的事情当成经历过的东西。不少抑郁症是自己诱发的，是自己吓自己。有些人从来不看恐怖片，但是会自己吓自己，我们要减少这种心理习惯。

世界本来是安静的，你自己听出嘈杂；世界本来是和谐的，你却把它弄得一团糟。当你的心平静的时候，这个世界就平静了。

孤独并不可怕，只要你能够安住孤独。

我们不应该把孤独理解为有害的东西，如果能够安住孤独的话，孤独也是一种能增长智慧的状态。

心理健康的关键一点，就是必须承认世界的公平性。

承认世界很公平，你的内心就有一种阿Q式的平衡状态。比如你长相普通，但你不会羡慕那些长得好看的人。因为你知道随着时光的流逝，那些长得好看的人，他们的相貌只会慢慢走下坡路，最后跌到人生的谷底。我们长得不好看的，一直在谷底，无所谓。

如果有人说你长得难看，其实也不用生气，因为人走江湖，要么靠实力，要么靠颜值。有人说你长得难看，就间接承认你是靠实力活着。

我们要保持心理健康，就要对这个世界有正确的认识：一切都是相辅相成的。

人有各种各样的负面情绪，心理学认为什么样的情绪最糟糕？自怜。

允许自己脆弱，允许万物穿过

你觉得全世界对你不公，你是全世界最可怜的人，自怜的人离抑郁症就只有一墙之隔了。什么叫自怜？你可能拥有很多，但你依然觉得社会对你不公。

除了自怜之外，我们要警惕的另外一种心态叫"完美主义"。一些得了抑郁症的名人就有这种心理。这些人通常有一个共同的人格特点，那就是样样都要出色，事业要出色，相貌要出色，才能要出色。他们不允许自己的人生有任何的拉垮。

积极心理学告诉我们，如果对自己期望太高，不允许自己有任何一方面的拉垮，其实是在逼疯自己。人生本来就充满缺陷，在一个充满缺陷的世界要追求完美，你就必须有强大的心理承压能力，否则可能导致心理病症。

与"完美主义"相对应的另外一个词叫"松弛感"：允许自己有做得不好之处，允许自己的脸上开始出现皱纹，允许自己的头上开始出现白发，你得承认这是人生的必然。接纳不完美时，你就开始真正走向完美。

抑郁症的一个根源，就是当事人的弦拉得太满了，对自己的期望值太高了。

要允许自己脆弱，允许万物穿过。

孩子年年第一，你应该很高兴，但偶尔考第二又有何妨？反过来作为父母，应该善于安慰自己，孩子虽然没有考第一，但是至少不断在努力，至少听话孝顺。

通向心理健康的一个基本点，就是对这个世界保持正确的认知，因为抑郁症的根源就是认知失调，你的认知和世界的本源真实存在差距。

世界是公平的，有得就会有失，当有一天你发现世界残酷一面的时候，不要太过失望，也不要太过震惊，因为痛苦是人生的必然，挫折也是人生的必然。我们应该在孩子小的时候，也传递这种正确的观点。

在中国的教育中，挫折教育从来都是缺失的。父母希望给孩子最好的爱，一切的痛苦、一切的困难都帮他克服，孩子长大离家后，他们就必须一个人面对关系的复杂，一个人克服生活中的难题，而这些基本能力在他们成长中通常没有被教会。

从某种意义上讲，挫折教育是提高心理钝感力的有效方式。

钝感力，就是面对挫折时无畏的态度。

得抑郁症的人，抗压能力特别弱，抗压能力弱不是一时一刻所形成的，而是一个漫长和循序渐进的过程。要远离抑郁，就要对生活的一切保持一颗最简单的好奇心。同时，让自己有机会通过应对挫折来提升心理韧性。

"积极"和"抑郁"这两个词是硬币的两面，消极就会带来痛苦，情绪就会停滞。当你的情绪能够流动的时候，一切就会改变。

保持心态积极的方式之一就是养成运动的习惯。抑郁症患者好大一部分是知识分子，你仔细看知识分子的生活习惯，很多喜欢钻研学问的人很排斥运动，因为他们认为思想的活动可以代替身体的活动，这种想法是错误的。

运动能让情绪流动、让杂念减少，并让大脑快乐因子血清素提升，这就是运动的好处。

有读者很疑惑，这个世界真的公平吗？

世界很公平，这句话的表达不是出于绝对真理的确认，而是基于心理健康的需要——人总得相信点什么，才能形成信仰。

每一件事情的发生都有它的因缘，当你允许一切发生时，你就具备了巨大的心理韧性。

有些人离开了我们，有些人遭遇了不幸，我们感受到了痛苦。但是如果你能够站在更高的维度，去看四季轮回、万物更新，你就会明白春去秋来是宇宙最普遍的规律，生老病死是世间最常见的事情。但我们对这种事情恰恰是最不能释怀的，所以心经常缩成一团。

痛苦时，去升高你的维度，或许你就能明白你的痛苦不是独有的，全天下的人都一样痛苦。

佛经里就有一个故事讲得非常好，能让我们领悟痛苦如何放下。

有一天，一个妇女刚刚出生不久的孩子死了，她非常痛苦，她发疯似的抱着孩子的尸体去找佛祖释迦牟尼，并且跪在佛祖面前问道：佛祖，我愿意付出我的一切，只要你能够帮我把孩子救活。

佛祖告诉她，山下有一个小村庄，里面有 100 户人家，她只要去敲开这 100 户人家的门，并且问他们家之前有没有亲人去世过，如果没有的话，就跟他们要一粒米。如果她能够要回 100 粒米，佛祖就会煮一碗粥，给孩子喝下去，孩子就能够活来。

这个妇女非常高兴，去到山下的村庄，敲开 100 户人家的门，问他们那个问题：你们家有没有亲人去世过？

最后你猜她拿了几粒米回来？

一粒都没有。

当她回到佛祖面前的时候，强烈的痛苦已经没那么痛，她就明白原来她所经历的丧子的痛，不是她独有的，全天下的人都经历过亲人的离世。

把痛苦认为是独有的痛时，你就会放大这份痛苦。经历感情之伤时，你应该想到全天下的人都一样悲伤，难过的情绪就没那么强烈了。

防止抑郁的方法之一就是提高你的维度，扩大你的视野，你会看到全天下的人一样痛苦、一样幸福。

照顾好自己的健康与情绪，你就是人生的赢家。

后　记

万物尊重虔诚的心灵

我经常很庆幸自己是一个写作者，能用文字记录流逝的一切。

说不清是什么冲动驱使，我从来就喜欢写，很小就如此。一开始用笔，后来用电脑，再后来用移动电子设备，每天每周每月每年，我乐此不疲地记录流逝的一切。后来教授积极心理学，我明白了一个道理：最令人狂热之事，是自我治愈之药。

心理学有一个著名的说法：当你感到不安时，就坐下来写作吧。

在这本关于心理问答的书中，我也多次提到这个观点，想不清未来、摆脱不开孤独、挣脱不了压抑时，不妨投入写作，用文字过滤感受，让平静安慰心灵。

如果你不擅长写作，不要紧，你可以用任何能够让自己的身心沉浸其中的方式去替代，比如画画、手工、拳击等。一个人只要有所热爱，并且能坚持不懈，其心灵深处就会有一种沉静的力量，使其内心安定。

万物尊重虔诚的心灵。只要你对某事某物如痴如醉、心向往之，就没有什么东西可以扰乱你的内心。

在本书的心理问答中，读者可以看到很多融合了心理学和哲学的观点。本书取名"八万四千答"，"八万四千"有"无穷多"之意，喻指人生的痛苦会产生无穷的问题，但智慧能让我们找到无穷的答案。本书希望能从心理学角度给读者带来一些思想的亮光。

本书能够出版，首先，要感谢许多向我提问的朋友，他们的痛苦与困惑是本书出版的因缘。其次，要感谢暨南大学出版社，十几年来我出版的作品大都出自该社。杜小陆副社长与我有深厚的友谊，正是有他的鼓励与支持，我方能如此顺利出版多部著作。再次，要感谢责任编辑黄志波，他是一个特别有耐心的人。在本书的出版过程中，我们常有不同观点，但他的耐心与平静，时常让我感到汗颜，自己作为心理学研究者，心理稳定性却有待提高。最后，我还要感谢东莞市积极心理学协会，几年来他们做了许多公益活动和对社会的利他之事，包括每年公益培训中国贫困乡村教师、支持失学儿童等。与他们一起走在公益路上，我深深意识到，心理学必须反哺社会，为人心注入希望，为人生注入意义，为人群注入温暖，这样知识才能实现自我救赎。

希望本书能给读者带来一点希望、意义或者温暖。

林景新

甲辰年冬